Gewissheit in der Endzeit

Derek Prince

Inhalt

Vorbereitung auf das Kommen des Messias

Das Thema des ersten Teils dieses Buches mit dem Titel „Vorbereitung auf das Kommen des Messias“ umfasst sieben aufeinander folgende Abschnitte. Der erste ist wesentlich als Vorbereitung auf das Kommen des Messias und lautet: „Seien Sie sich der Verheißungen und des Zwecks bewusst.“ Ich wiederhole es noch einmal: „Seien Sie sich der Verheißungen und des Zwecks bewusst.“

Betrachten wir zunächst drei Bibelstellen, die klare, konkrete Verheißungen der Rückkehr des Herrn Jesus Christus enthalten. Die erste ist Johannes 14,3, wo Jesus zu seinen Jüngern sagt, dass er sie verlassen werde. Er sagt:

> *„Und wenn ich hingehe und euch eine Stätte bereite, so komme ich wieder und werde euch zu mir nehmen, damit auch ihr seid, wo ich bin.“*

Das ist eine klare, konkrete Aussage: „Ich komme wieder und werde euch zu mir nehmen.“ Man muss kein Theologe sein, um die Bedeutung dieser Worte zu begreifen. Wenn ein Geschäftsmann morgens das Haus verlässt und zu seiner Frau sagt: „Tschüß. Ich bin um sechs Uhr wieder zurück“, dann weiß sie, was er meint. Er wird um sechs Uhr wieder da sein. Der einzige Unterschied zur Aussage Jesu besteht darin, dass

Derek Prince

Gewissheit in der Endzeit

Vorbereitung auf das Kommen des Messias / Böse Mächte in der Endzeit

INTERNATIONALER BIBELLEHRDIENST
Ein Arbeitszweig von Derek Prince Ministries International
DPM

Von den Audiobotschaften:
Preparing for Messiah´s coming (4115)
Evil forces in the End Time (7006)

Erstauflage März 2004

Übersetzung: Thomas Schatton
Layout: IBL-Deutschland
Umschlaggestaltung:
Christine Tracy
Druck: Druckhaus Gummersbach

IBL-Deutschland
Schwarzauer Str. 56
83308 Trostberg
Telefon: 08621-64146
Fax: 08621-64147
E-mail:
IBL.de@t-online.de

IBL-Österreich
Arthur-Krupp-Str. 1
A-3300 Amstetten
Telefon: 07472-23294
Fax:07472-23701
Email:
IBL@crossnet.at

DPM-Schweiz
Aarauerstr. 27
CH-5600 Lenzburg
Telefon: 062-892-4676
Fax: 062-892-4677
Email:
dpm-ch@ibl-dpm.net

Alle Bibelzitate, wenn nicht anderweitig vermerkt, entstammen der revidierten Elberfelder Übersetzung (EÜ = Einheitsübersetzung, LU = Luther 1984, GN = Gute Nachricht).

ISBN 3-932341-60-0

Internationaler Bibellehrdienst e.V.
http://www.ibl-dpm.net

er uns nicht den genauen Zeitpunkt nennt, an dem er zurückkehren wird. Es zeugt von einer Liebesbeziehung, wenn er sagt: „Ich komme wieder und werde euch zu mir nehmen, damit wir in Ewigkeit zusammen sind."

In Apostelgeschichte 1,10-11 wird dies von den Engeln bekräftigt. Die Apostel waren mit Jesus auf den Ölberg gegangen. Dort sahen sie, wie er - nachdem er sie gesegnet hatte - in den Himmel auffuhr und ihren Blicken entschwand. Als sie dort standen und immer noch nach oben schauten, erschienen ihnen zwei Engel, die ihnen etwas versicherten. Apostelgeschichte 1,10-11:

> „*Und als sie gespannt zum Himmel schauten, wie er auffuhr, siehe, da standen zwei Männer in weißen Kleidern bei ihnen, die auch sprachen* [ich gehe davon aus, dass es Engel sind. Das ist seit jeher die gängige Deutung.]*: Männer von Galiläa, was steht ihr und seht hinauf zum Himmel? Dieser Jesus, der von euch weg in den Himmel aufgenommen worden ist, wird so kommen, wie ihr ihn habt hingehen sehen in den Himmel.*"

Ich denke, man könnte es nicht klarer formulieren: „Dieser [oder „derselbe"] Jesus, der von euch weg in den Himmel aufgenommen worden ist, wird so kommen, wie ihr ihn habt hingehen sehen in den Himmel." Ich bin der Auffassung, dass wir unbedingt festhalten müssen, dass hier betont wird, dass es sich um „denselben Jesus" handelt. Es war eine reale Person, die wegging; es wird auch eine reale Person sein, die zurückkommt. Kein messianisches Zeitalter kann ein Ersatz für die Person des Herrn Jesus Christus sein.

Halten wir zwei Aspekte fest: Er fuhr auf in den Wolken; er wird aus den Wolken wiederkommen. Er ging vom Ölberg; er wird auf den Ölberg zurückkehren. Werfen wir in diesem Zusammenhang zur Bekräftigung einen kurzen Blick auf Sacharja 14,3-5, ohne jedoch näher auf diese Stelle einzugehen. Hier wird beschrieben, wie der Herr persönlich gegen die Nationen intervenieren wird, die sich zum Kampf gegen Jerusalem zusammengetan haben. Ab Vers 3:

> „*Dann wird der HERR ausziehen und gegen jene Nationen kämpfen, wie er schon immer gekämpft hat am Tag der Schlacht. Und seine Füße werden an jenem Tag auf dem Ölberg stehen, der* [und beachten Sie die exakte Beschreibung] *vor Jerusalem im Osten liegt; und der Ölberg wird sich von seiner Mitte aus nach Osten und nach Westen spalten zu einem sehr großen Tal, und die eine Hälfte des Berges wird nach Norden und seine andere Hälfte nach Süden weichen.*“

Es wird also ein gewaltiges Erdbeben geben. Es existiert bereits jetzt ein Bergsattel zwischen dem Ölberg und dem Mount Scopus. Dort steht das Augusta Victoria Hospiz mit dem markanten Turm. Ich verbrachte das letzte Jahr meines Militärdienstes in der britischen Armee in genau diesem Gebäude. Das war für mich also sehr real und anschaulich, dass sich der Berg genau dort spalten und die eine Hälfte nach Norden und die andere Hälfte nach Süden rücken wird. Als ich dort lebte, erschütterte sogar ein Erdbeben den Turm; er bekam Risse und gilt seither als unsicher. Aus diesem Grund darf er nicht mehr bestiegen werden. Die Gegend dort ist ein Erdbebengebiet. Wenn man, wie ich, dort gelebt hat, dann ist all das äußerst realistisch und anschaulich. Alles passt ganz genau auf die Beschreibung dieses einen Orts. Es gibt keinen anderen Ort auf der Erde, auf den diese Beschreibung passen würde. Dann heißt es in Vers 5:

> *„Und ihr werdet in das Tal meiner Berge fliehen, und das Tal der Berge wird bis Azal reichen. Und ihr werdet fliehen, wie ihr vor dem Erdbeben geflohen seid in den Tagen Usijas, des Königs von Juda. Dann wird der HERR, mein Gott, kommen und alle Heiligen mit ihm."*

Auch hier haben wir wieder eine klare, konkrete Verheißung: „Der Herr, mein Gott, wird kommen und seine Füße werden auf dem Ölberg stehen." Man kann mit gutem Grund annehmen, dass das Erdbeben dadurch ausgelöst werden wird, dass die Füße des Herrn den Berg berühren.

In Sacharja wie auch in anderen Propheten wird zudem vorausgesagt, dass lebendiges Wasser von Jerusalem aus Richtung Osten ausgehen wird, hinab zum Toten Meer. Es ist klar, dass das Tal gleichsam der Kanal sein wird, der das Wasser nach Osten transportieren wird. Ich möchte damit folgendes hervorheben: Dies ist keinesfalls ein metaphorisches Bild! Es ist eine sehr exakte Beschreibung, die nur auf einen einzigen Ort auf der Welt zutrifft und noch dazu ganz genau passt. Wir dürfen das nicht vergeistlichen. Wir dürfen daraus keine Metapher machen. Das ist eine genaue Voraussage dessen, was geschehen wird.

Sehen wir uns nun nach den Worten Jesu und der Engel noch die Worte des Paulus zu diesem Thema an. 1. Thessalonicher 4,16-17:

> *„Denn der Herr selbst wird beim Befehlsruf, bei der Stimme eines Erzengels und bei dem Schall der Posaune Gottes herabkommen vom Himmel..."*

Wiederum liegt die Betonung auf „dem Herrn selbst". Der Engel sagte „dieser Jesus", Paulus sagt „der Herr selbst". Die Bibel lässt uns nicht die geringste Chance, dies zu vergeistlichen oder irgendwie anders zu deuten als eine sichtbare, persönliche Rückkehr Jesu.

Es wird in diesem Zusammenhang drei gewaltige Geräusche geben. Bei dem „Befehlsruf" geht man davon aus, dass damit der Befehlsruf des Herrn selbst gemeint ist, weil er der Einzige ist, der - wie im Falle des Lazarus - die Toten aus ihren Gräbern rufen kann. Als er Lazarus aus dem Grab rief, war er sehr spezifisch in dem, wer herauskommen sollte. Er rief: *„Lazarus, komm heraus!"* Hätte er nur gerufen „Komm heraus!" wären auch alle anderen Toten herausgekommen. Aber es wird der Tag kommen, an dem er die gläubigen Toten, jene, die in Christus verstorben sind, herausrufen wird. Paulus fährt fort:

> *„...und die Toten in Christus werden zuerst auferstehen; danach werden wir, die Lebenden, die übrig bleiben, zugleich mit ihnen entrückt werden in Wolken dem Herrn entgegen in die Luft; und so werden wir allezeit beim Herrn sein."*

Das ist eine sehr klare Beschreibung von Dingen, die tatsächlich geschehen werden. Der Herr wird kommen; es wird diese dramatischen Geräusche geben: den Befehlsruf, die Stimme eines Erzengels und die Posaune Gottes. Dann werden die Toten in Christus auferstehen und - wie ich meine - etwa zur selben Zeit werden die Gläubigen, die sich zu diesem Zeitpunkt auf Erden befinden und bereit sind, plötzlich und auf wunderbare Weise verwandelt werden und wir alle werden, wie die Schrift sagt, in „Wolken entrückt werden, dem Herrn entgegen in die Luft".

Es gibt zwei griechische Worte für „Luft": *aer*, von dem sich das englische Wort „air" ableitet und ein anderes Wort, auf das unser Wort „Äther" zurückgeht. Die beiden Worte bedeuten jeweils etwas anderes. Mit „Äther" ist die höher gelegene, dünnere Atmosphäre gemeint. „Aer" bezeichnet die niederen Luftschichten, die die Erdoberfläche berühren. Dieses Wort wird hier verwendet. Mit anderen Worten: Jesus wird der Erde sehr nahe kommen. So wie Metallsplitter von einem Magneten angezogen werden, werden jene, die aus dem richtigen Material sind, automatisch zum Magneten hingezogen werden. Doch wenn Sie nicht aus dem richtigen Material sind, werden Ihre Versuche, die Erde zu verlassen, umsonst sein.

Es heißt hier „wir werden entrückt werden". Manchmal werde ich gefragt: „Glauben Sie an die Entrückung?" Ich antworte: „Das kommt darauf an, was Sie damit meinen. Wenn Sie meinen, ob wir dem Herrn entgegen entrückt werden, dann sage ich ja, denn das steht in der Bibel." Dieses Wort wird mehrmals in der Bibel verwendet. Es heißt von Philippus, er sei auf der Straße nach Gaza vom Geist des Herrn entrückt worden. Der Kämmerer sah ihn nicht mehr und dann wurde Philippus in Asdod gefunden. Dasselbe Wort verwendet Jesus, wenn er sagt, der Mietling flieht, wenn der Wolf kommt und die Schafe wegnimmt. Es bezeichnet eine urplötzliche, rasche, ja fast schon gewalttätige Aktion. Ich denke, all das wird auf einen Schlag geschehen - Paulus sagt „in einem Augenblick“, also binnen eines Wimpernschlags.

Gott wartet Jahrtausende und dann handelt er ganz urplötzlich. Manche Leute meinen, weil Gott Jahrtausende lang nichts getan hat, können wir auch nicht davon ausgehen, dass noch einmal etwas geschehen wird. Es ist ein Fehler, so etwas zu glauben.

Wir haben also drei klare, konkrete Verheißungen - vom Herrn selbst, von den Engeln und von Paulus -, die von den Schriften des Neuen Testaments bestätigt werden.

Nun möchte natürlich jeder wissen, wann diese Entrückung sein wird: vor der Trübsal, während der Trübsal oder nach der Trübsal? Ich werde nicht versuchen, irgendeine dieser Fragen zu beantworten. Ich möchte lediglich festhalten, was meiner Meinung nach der klare, offenbarte Zweck ist, weshalb der Herr wiederkommt. Ich möchte Ihnen einen fünffachen Zweck aufzeigen, den man der Schrift entnehmen kann. Weil dies etwas kompliziert und umfangreich ist, werde ich nicht jedes Mal die konkreten Schriftstellen zitieren. Ich möchte Ihnen einfach nur diesen fünffachen Zweck nahe bringen:

1. Er kommt, um die Gemeinde zu sich zu holen. Er sagt das klar und deutlich: „...so komme ich wieder und werde euch zu mir nehmen...“

2. Er kommt, um den Antichrist, das Tier und seine Armeen zu stürzen, so wie es sehr anschaulich in Offenbarung 19 beschrieben wird. Manche Christen haben das Gefühl, als würden sie sich selbst gerne mit dem Antichrist anlegen. Ich habe beschlossen, das dem Herrn zu überlassen! Es ist besser in seinen Händen. Das ist auch angemessen. Der wahre Christus wird den falschen Christus besiegen.

Das Wort „Antichrist" bedeutet zweierlei. Es bezeichnet jemanden, der gegen den Christus ist, und es bezeichnet jemanden, der die Stelle des Christus einnimmt. Der Geist des Antichrists, der überall in der Welt wie auch in der Gemeinde Jesu sehr stark am Wirken ist, hat zwei Hauptziele. Erstens: Jesus aus dem Weg zu räumen. Zweitens: Ihn durch jemand anderen zu ersetzen. Die naiven, liberalen Christen erkennen nicht, dass es dabei letztendlich nicht nur darum geht, Jesus loszuwerden, sondern ihn durch jemand anderen zu ersetzen.

Die drei großen monotheistischen Religionen, das Judentum, der Islam und das Christentum, sind allesamt im Nahen Osten entstanden. Sie haben viele Gemeinsamkeiten, aber auch etliche erhebliche Unterschiede. Ich habe den Eindruck, dass es nur eines gibt, was irgendeiner Art von umfassender Weltreligion, die aus diesen drei entstehen könnte, entgegensteht und das ist die unangenehme historische Person des Jesus von Nazareth. Wenn man Jesus erst einmal aus dem Weg geräumt hätte, gäbe es nicht mehr viel, was den Islam, das Judentum und das abgefallene Christentum davon abhalten könnte, eine Weltreligion zu bilden, deren Anführer der Antichrist werden würde. Ich persönlich halte dies für ein denkbares Szenario, aber das ist nur meine Meinung.

3. Der dritte Zweck: um Israel zu befreien. Ich glaube, dass der Herr selbst Israel befreien wird. Das wird klar und deutlich in Jesaja, Sacharja und in anderen prophetischen Schriften beschrieben.

4. Der vierte Zweck: um die Nationen zu richten. Das wird klar und deutlich in Joel 3 und in Matthäus 25,31-46 beschrieben. Wenn der Menschensohn auf dem Thron seiner Herrlichkeit sitzen wird, was wird dann als Erstes geschehen? Die Nationen werden vor ihm versammelt werden und er wird sie voneinander scheiden, wie ein Hirte die Schafe von den Böken scheidet; die Schafe wird er zu seiner Rechten stellen und sie in das Reich hineinholen, das er aufbaut. Die Böcke wird er in das ewige Feuer schicken, das für den Teufel und seine Engel vorbereitet wird. Es gibt nur diese beiden Möglichkeiten.

Die Nationen werden aufgrund dessen gerichtet werden, wie sie die Brüder Jesu behandelt haben. Und man sieht schon jetzt eine ganze Menge davon in der aktuellen Weltpolitik. Das vielleicht kontroverseste Dauerthema der Vereinten Nationen ist Israel, und die Nationen beziehen immer wieder sehr stark gegen Israel Stellung. Ich glaube, es ist Teil unserer Verantwortung, die Position einiger der Nationen, die wir vertreten, in dieser Sache zu ändern.

5. Der fünfte Zweck: um sein Reich auf Erden zu errichten, mit Jerusalem als Hauptstadt. Ich bin naiv. Ich denke ganz einfach. Ich glaube, dass der Herr von Jerusalem aus regieren wird.

Ich möchte diesen fünffachen Zweck, warum Jesus wiederkommt, noch einmal zusammenfassen, ohne auf die Details einzugehen:

1. Um die Gemeinde zu sich zu holen

2. Um den Antichrist zu stürzen

3. Um Israel zu befreien

4. Um die Nationen zu richten

5. Um sein Reich auf Erden zu errichten

Das ist vielleicht auch die Reihenfolge, in der dies geschehen wird, aber ich vertrete keine konkreten Theorien über die exakten Zeitpunkte, in denen dies geschehen wird. Der Herr hat es mir nicht gezeigt und ich bin zufrieden damit, es ihm zu überlassen.

Eines weiß ich jedoch, und das werde ich auch im weiteren Verlauf dieses Buches herausstellen, nämlich, dass es sehr wichtig ist, dass wir bereit sind. Was wird angesichts dieser klaren Offenbarung der Schrift von uns erwartet?

Als Erstes sollten wir meiner Meinung nach eine ungeduldige Erwartungshaltung haben. Das trifft derzeit auf den Großteil der Christen - die Charismatiker mit eingeschlossen - nicht zu. Ich begegne nicht vielen Christen, die die Wiederkunft des Herrn ungeduldig oder eifrig erwarten - und ich begegne vielen Christen. Wir sind so theologisch, so feinsinnig und so geistlich geworden, dass wir die Wiederkunft des Herrn total vergessen haben. Ich hoffe, dass dies auf Sie nicht zutrifft.

Sehen wir uns rasch die dazugehörigen Schriftstellen an.

Die erste von ihnen ist Markus 13. Ich möchte 4 oder 5 Verse am Ende dieses Kapitels betrachten. Dort finden wir ein Schlüsselwort, das ich herausgreifen möchte. Versuchen Sie einmal, herauszufinden, welches Schlüsselwort das sein könnte. Jesus spricht hier zu seinen Jüngern und nicht zur Welt im Allgemeinen. Vers 33:

> *„Seht zu, wacht! Denn ihr wisst nicht, wann die Zeit ist. Wie ein Mensch, der außer Landes reiste, sein Haus verließ und seinen Knechten die Vollmacht gab, einem jeden sein Werk, und dem Türhüter einschärfte, dass er wache, so wacht nun! Denn ihr wisst nicht, wann der Herr des Hauses kommt, ob des Abends oder um Mitternacht oder um den Hahnenschrei oder frühmorgens, damit er nicht, wenn er plötzlich kommt, euch schlafend finde. Was ich aber euch sage, sage ich allen: Wacht!"*

Was ist das Schlüsselwort? „Wacht!" Wachen heißt wach bleiben. Wir verwenden dieses Wort für einen Soldaten, der Wache schiebt, also für jene vier Nachtschichten, in denen jemand wach bleiben muss. Vergessen Sie nicht, dass sich diese Worte an die Jünger Jesu richteten. Er musste sie warnen und ihnen sagen: „Wacht!" Dann sagt er: *„Was ich aber euch sage, sage ich allen: Wacht!"* Bleibt wach! Schlaft nicht ein! Titus 2,11-13:

> *„Denn die Gnade Gottes ist erschienen, heilbringend allen Menschen, und unterweist uns..."*

Wissen Sie, worin uns die Gnade unterweist? Manche Leute wissen das nicht.

> „...*und unterweist uns, damit wir die Gottlosigkeit und die weltlichen Lüste verleugnen und besonnen und gerecht und gottesfürchtig leben in dem jetzigen Zeitlauf...*“

Warum sollen wir „...*besonnen und gerecht und gottesfürchtig leben in dem jetzigen Zeitlauf...*“? Der nächste Vers sagt es uns:

> „...*indem wir die glückselige Hoffnung und Erscheinung der Herrlichkeit unseres großen Gottes und Heilandes Jesus Christus erwarten.*“

In allen Briefen des Neuen Testaments wird immer die Erwartung der Rückkehr des Herrn als das Hauptmotiv für ein heiliges Leben dargestellt. Ich fordere Sie heraus, diesbezüglich in den Briefen nachzulesen. Das ist die Motivation Nummer 1 für ein heiliges Leben.

Nebenbei bemerkt wird Jesus hier als Gott bezeichnet. „...*unseres großen Gottes und Heilandes Jesus Christus...*“ Es gibt noch andere Passagen im Neuen Testament, aber es ist wichtig zu sehen, dass das Neue Testament klar und ausdrücklich die Göttlichkeit Jesu bekräftigt.

Betrachten wir in diesem Zusammenhang noch eine weitere Schriftstelle, die vielleicht eindringlichste. Hebräer 9,28:

> „...*so wird auch der Christus, nachdem er einmal geopfert worden ist, um vieler Sünden zu*

tragen, zum zweiten Male ohne Beziehung zur Sünde denen zum Heil erscheinen, die ihn [ungeduldig] *erwarten."*

Wem wird er zum Heil erscheinen? Denen, die ihn **ungeduldig erwarten**. Wir finden im Neuen Testament keinerlei Garantie dafür, dass er irgend jemand anderem zum Heil erscheinen wird als denen, die ihn ungeduldig erwarten.

Die nächste Anforderung lautet: die Zeiten und Zeitpunkte verstehen. Lesen wir hierzu 1. Thessalonicher 5,1-6:

„Was aber die Zeiten und Zeitpunkte betrifft, Brüder, so habt ihr nicht nötig, dass euch geschrieben wird."

Gilt das auch für Sie? Sind Sie so gut über die Zeiten und Zeitpunkte informiert, dass Ihnen der Apostel Paulus gar nicht schreiben müsste?

„Denn ihr selbst wisst genau, dass der Tag des Herrn so kommt wie ein Dieb in der Nacht."

Das wird immer wieder betont. Er kommt wie ein Dieb. Es gibt nur einen Unterschied zum Dieb. Wissen Sie, welchen? Ein Dieb kommt, um das zu nehmen, was ihm nicht gehört. Der Herr kommt, um nur das zu nehmen, was ihm gehört. Aber er kommt wie ein Dieb.

Ich denke da immer an einen afrikanischen Lehrer, mit dem ich zusammen arbeitete, als ich Rektor eines Colleges zur Ausbildung von Lehrern in Ostafrika war. Er hieß Mr. Odawa. Er hatte eine kleine Entenschar in seinem Hinterhof und war so stolz auf seine Enten. Er widersetzte sich dem Evangelium. Eines Tages kam jemand und stahl ihm seine Enten - was in Afrika nichts Außergewöhnliches ist. Als er mir sein Herz ausschüttete, sagte ich: „Mr. Odawa, hat ihnen der Dieb vorher gesagt, dass er kommen würde? Hat er ihnen seine Absichten erklärt? Ließ er sie wissen, wer er ist?" Er sagte nein. Ich sagte: „So ist es mit dem Kommen des Herrn. Er wird es Ihnen nicht sagen. Er wird Sie nicht im Voraus warnen." Lesen wir weiter:

> *„Wenn sie sagen: Friede und Sicherheit! dann kommt ein plötzliches Verderben über sie, wie die Geburtswehen über die Schwangere; und sie werden nicht entfliehen."*

„Sie" - das sind die Menschen in der Welt. Was sind die beiden Dinge, denen die Welt am eifrigsten hinterherjagt? Frieden und Sicherheit. Genau dann, wenn sie meinen, sie hätten es, kommt ein plötzliches Verderben über sie.

Beachten Sie auch das Bild von den Geburtswehen. Hierzu etwas, das den meisten Frauen und wohl auch den Männern bekannt ist: Wenn die Geburtswehen beginnen, gibt es keine Möglichkeit mehr, den Prozess umzukehren, und je näher die Geburt heranrückt, desto intensiver und häufiger werden diese Wehen. Ich glaube, wir befinden uns in dieser Phase. Ich glaube nicht, dass es noch eine Möglichkeit gibt, den Prozess umzukehren, der derzeit in der Welt abläuft. Er wird in eine Geburt münden. Wenn Sie meinen, es werde leichter werden, dann irren Sie dich. Die Wehen werden häufiger und intensiver werden, bis die Geburt stattfindet. Vers 4:

> *„Ihr aber, Brüder, seid nicht in Finsternis, dass euch der Tag wie ein Dieb ergreife; denn ihr alle seid Söhne des Lichtes und Söhne des Tages; wir gehören nicht der Nacht noch der Finsternis. Also lasst uns nun nicht schlafen wie die übrigen, sondern wachen und nüchtern sein."*

Da ist wieder das Wort „wachen". Paulus sagt den Thessalonichern, sie sollten in der Lage sein, die Zeiten zu erkennen, die auf den Zeitpunkt der Rückkehr des Herrn hinweisen. Wir können in diesem Zusammenhang zwei Fehler machen - einerseits die Zeiten und Zeitpunkte nicht erkennen und andererseits so tun, als wüssten wir den Tag oder die Stunde. Jesus sagte uns klar und deutlich, dass niemand den Tag oder die Stunde weiß. Doch die Tatsache, dass wir den Tag oder die Stunde nicht wissen können, ist keine Entschuldigung dafür, dass wir die Zeiten und Zeitpunkte nicht erkennen. Wir müssen sie erkennen.

Stellen wir diese Passage einer anderen Bibelstelle gegenüber. Markus 13,32:

> *„Von jenem Tag aber oder der Stunde weiß niemand, weder die Engel im Himmel noch der Sohn, sondern nur der Vater."*

Damit sind der Tag und die Stunde der Wiederkunft des Herrn gemeint. Sie sind im Kalender eingetragen, doch nur Gott, der Vater, hat Zugriff auf den Kalender. Haben Sie je darüber nachgedacht, dass es etwas gibt, was der Vater weiß, der Sohn hingegen nicht? Deshalb glaube ich, dass der Sohn beständig das Gesicht des Vaters ansieht, weil er auf dessen Nicken wartet, das ihm sagt: „Mein Sohn, jetzt ist es so weit. Jetzt ist die Zeit." Ich glaube, dass es im Himmel eine Erwartung gibt - vielleicht mehr als hier auf Erden.

Dann sagt Jesus im selben Kontext zu seinen Jüngern in Matthäus 24,44:

> *„Deshalb seid auch ihr bereit; denn in der Stunde, in der ihr es nicht meint, kommt der Sohn des Menschen."*

Wenn jemand behauptet, er kenne den Tag oder die Stunde, ist er ein falscher Prophet. Nicht einmal Jesus weiß, wann es so weit ist. Es hat viele solcher falschen Propheten gegeben und vielleicht wird es noch viele mehr geben. Und wenn Sie meinen, Sie hätten alles parat und wüssten, wann er kommt, dann irren Sie sich, weil er zu einer Zeit kommen wird, wenn Sie ihn nicht erwarten. Es gibt keinen Ersatz für das Wachen. Es gibt keine Alternative. Ihre ganze Theologie und Ihre Berechnungen entbinden Sie nicht von der Verpflichtung zu wachen.

Die nächste Anforderung ist: **Die Zeichen erkennen.** Ich möchte hierzu ein Beispiel aus der Zeit Jesu anführen. Jesus spricht in Matthäus 16 zu den Pharisäern und tadelt sie. Sie hatten von ihm ein Zeichen vom Himmel gefordert, doch in Matthäus 16,2-3 heißt es:

> *„Er aber antwortete und sprach zu ihnen: Wenn es Abend geworden ist, so sagt ihr: Heiteres Wetter, denn der Himmel ist feuerrot; und frühmorgens: Heute stürmisches Wetter, denn der*

Himmel ist feuerrot und trübe; das Aussehen des Himmels wisst ihr zwar zu beurteilen, aber die Zeichen der Zeiten könnt ihr nicht beurteilen."

Jesus tadelte die religiösen Führer seiner Zeit, weil sie die Zeichen der Zeit nicht beurteilen konnten. Ich denke, er könnte dasselbe auch zu vielen Gemeindeleitern unserer Zeit sagen: „Ihr könnt die Zeichen der Zeit nicht beurteilen!" Ich glaube, Gott verlangt von uns, die Zeichen der Zeit zu beurteilen. Und ich glaube, es gibt viele Zeichen, die uns warnend darauf hinweisen, dass wir uns dem Ende der Zeit nähern. Ich möchte Ihnen kurz eine Liste mit den dazugehörigen Schriftstellen geben. Das ist nicht der eigentliche Sinn dieser Botschaft, doch losgelöst davon verliert die Botschaft ihre Eindringlichkeit. Ich denke, ich habe hier eine Liste mit 21 Anzeichen dafür, dass wir uns dem Ende der Zeit nähern. Vielleicht hätte ich doppelt so viele zusammentragen können, wenn ich noch intensiver daran gearbeitet hätte.

Werfen wir zunächst einen Blick auf Lukas 17,26-30:

„Und wie es in den Tagen Noahs geschah, so wird es auch sein in den Tagen des Sohnes des Menschen..."

„Die Tage des Sohnes des Menschen" ist eine Redewendung, die die Zeit vor der Rückkehr Jesu beschreibt.

„...sie aßen, sie tranken, sie heirateten, sie wurden verheiratet bis zu dem Tag, da Noah in die Arche ging und die Flut kam und alle um-

brachte. Ebenso auch, wie es geschah in den Tagen Lots: sie aßen, sie tranken, sie kauften, sie verkauften, sie pflanzten, sie bauten; an dem Tag aber, da Lot von Sodom ausging, regnete es Feuer und Schwefel vom Himmel und brachte alle um. Ebenso wird es an dem Tag sein, da der Sohn des Menschen geoffenbart wird."

Jesus sagt also: Wenn ihr ein Schema dafür haben möchtet, wie es am Ende der Zeit sein wird, dann könnt ihr euch die Tage Noahs und die Tage Lots ansehen. Ich denke, er betont hier am allermeisten, dass das Gericht Gottes sehr plötzlich, sehr unerwartet und sehr umfassend sein wird. Das ist meiner Meinung nach ein gemeinsames Merkmal, das er sehr unterstreicht. Ich wiederhole es noch einmal: Das Gericht Gottes wird sehr plötzlich, sehr unerwartet und sehr umfassend sein. Das scheint mir hier der Schwerpunkt zu sein.

Überlegen wir nun kurz, was uns die Bibel über die Tage Noahs und die Tage Lots sagt. Alle Verweisstellen dafür stehen im 1. Buch Mose und wir werden sie uns nicht im Einzelnen ansehen. Ich möchte Ihnen eine kurze Zusammenfassung dessen anbieten, was wir diesbezüglich dem 1. Buch Mose entnehmen können.

1. Zunächst einmal herrschte fleischliche Verderbtheit. Die Bibel sagt: „Alles Fleisch hatte seinen Weg verdorben auf Erden." Das bedeutet meiner Meinung nach: sexuelle Verworfenheit und Perversion und im Großen und Ganzen ein absolut freizügiger Lebensstil.

2. Es heißt: „Und der HERR sah, dass die Bosheit des Menschen auf der Erde groß war und alles Sinnen der Gedanken seines Herzens nur böse den ganzen Tag." Die ganze Gedankenwelt des Menschen war verdorben, unrein und schmutzig. Ich muss sagen, dass in unserer heutigen Kultur das Fernsehen etwas ist, das in diese Richtung tendiert.

3. Es heißt: „Die Erde war erfüllt mit Gewalttat." Denken wir nur an die statistische Zunahme von Gewaltverbrechen.

4. Ein hervorstechendes Merkmal, vor allem der Zeit Lots, war Homosexualität. Sie war schamlos und aggressiv. Genau damit sind wir auch heute in vielen Teilen der Welt konfrontiert. Als ich noch ein Junge war, hörte man gelegentlich von jemandem, der homosexuell war. Darüber sprach man nur hinter vorgehaltener Hand. Diese Leute versteckten sich und verstellten sich. Heute ist das ganz anders. Sie bekennen sich ganz offen zu ihren Anschauungen.

5. Das fünfte Merkmal ist Materialismus. „Sie aßen, sie tranken, sie heirateten, sie wurden verheiratet, bauten und pflanzten." Daran ist nichts Falsches. Das Problem bestand darin, dass die Menschen so sehr damit beschäftigt waren, dass sie die Warnungen Gottes nicht mehr hörten.

Ich denke, dahinter steckt der Bereich des Okkulten. Am Anfang von 1. Mose 6 heißt es, die Söhne Gottes gingen ein zu den Töchtern der Menschen. Ich glaube, die Söhne Gottes waren Engel - das ist meine persönliche Meinung. Ich glaube, dass es dort eine Vermischung von Engeln und Menschen gab. Ich bin zu der Erkenntnis gelangt, dass hinter jeder radikalen Form von Verderbtheit oder Verfall unter Menschen immer etwas Okkultes steckt. Die Wurzel von alledem sind nämlich falsche Götter.

Mir scheint auch, dass der Herr bestimmte Grenzen festsetzt, deren Überschreitung er nicht lange duldet. Menschen können jahrhundertelang böse und gottlos leben und der Herr wird es tolerieren, doch als die Grenze zwischen Engeln und Menschen überschritten wurde, sagte Gott: „Wir müssen das sehr rasch beenden. Wir geben ihnen noch einige Jahre und das war es dann."

Ich glaube, es gibt noch eine andere Grenze, über die Gott eifersüchtig wacht - die Grenze zwischen männlich und weiblich. Ich stelle fest, dass diese Grenze in unserer Generation überschritten wurde. Ich bezweifle, dass Gott sein Gericht darüber noch recht viel länger zurückhalten wird. Zumindest in den USA sieht man überall an den Frisörläden das Schild „unisex". Das sagt alles. Manchmal fragt man sich auch, wenn man auf der Straße jemanden sieht: Ist das nun ein Mann oder eine Frau? Er oder sie hat kurze Haare, aber das bedeutet noch lange nichts. Er oder sie trägt Hosen, aber das sagt auch nichts aus. Bei einem Bart weiß man vermutlich, womit man es zu tun hat. Es wird allmählich oft wirklich schwierig, das herauszufinden. Ich habe Menschen in Veranstaltungen gebeten aufzustehen, die bestimmte körperliche Probleme haben, und fand das recht peinlich, weil ich nicht wusste, ob ich nun „er" oder „sie" sagen soll. Das ist keine Übertreibung! Ich glaube nicht, dass Gott das lange tolerieren wird. Das ist meine persönliche Meinung.

Nun kommen wir zu Matthäus 24 und sehen uns dort einige Zeichen an. Ich möchte betonen, dass dies alles andere als vollständig ist.

Die Jünger hatten Jesus gefragt: „Was wird das Zeichen deines Kommens und des Endes der Zeit sein?“ Ab Vers 7 führt er etliche Zeichen auf, aber er beantwortet ihre Frage nicht. Ich lasse die Frage bis zum Ende des ersten Teils dieses Buches unbeantwortet. Gehen wir rasch die Zeichen durch. Beachten Sie, dass sie gefragt hatten, was **das** Zeichen sei, doch er sprach von **Zeichen** in der Mehrzahl, was an dieser Stelle ihre Frage noch nicht beantwortete.

> *„Denn es wird sich Nation gegen Nation erheben und Königreich gegen Königreich...“*

Ich interpretiere das als Weltkriege.

> *„...und es werden Hungersnöte und Seuchen sein und Erdbeben da und dort.“*

In einigen Texten steht nichts von Seuchen, aber man findet sie auf jeden Fall in Lukas 21. In der Realität folgen auf Hungersnöte fast immer Seuchen, denn wenn die Abwehrkräfte der Menschen nicht mehr vorhanden sind, vermehren sich Krankheiten rasend schnell. Und dann hätten wir hier auch noch Erdbeben. Vers 8:

„Alles dies aber ist der Anfang der Wehen. Dann werden sie euch in Drangsal überliefern und euch töten; und ihr werdet von allen Nationen gehasst werden um meines Namens willen.“

Die Welt wird sich im großen Stil gegen die wahren Christen wenden. Vers 10:

> *„Und dann werden viele verleitet werden und werden einander überliefern und einander hassen...“*

Viele Christen werden die Prüfung nicht bestehen. Sie werden sich vom Herrn abwenden. Sie werden sich von ihren Glaubensgeschwistern abwenden und sie verraten. Das ist bis zu einem gewissen Grad unter verschiedenen Diktaturen bereits geschehen.

> *„...und viele falsche Propheten werden aufstehen und werden viele verführen...“*

Ich deute das als die zahllosen Sekten, die es heute weltweit gibt. Hinter jeder Sekte steht ein falscher Prophet.

> *„...und weil die Gesetzlosigkeit überhand nimmt, wird die Liebe der meisten erkalten...“*

Die Gesetzlosigkeit nimmt überhand. Auch das ist fast überall ein sehr offensichtliches Kennzeichen unserer Gesellschaft.

Wir müssen hier auf die sehr ernsten Worte achten: *„...die Liebe* ***der meisten*** *wird erkalten...“* Das Wort „Liebe“ in diesem Vers ist *agape* und bezieht sich somit auf die Liebe von Christen. Die Atmosphäre wird so von Gesetzlosigkeit durchdrungen und beherrscht sein, dass es schwierig werden wird, in der Liebe Gottes zu bleiben.

Ich prägte einmal den Merksatz „Gesetzlosigkeit führt zu Lieblosigkeit“. Ich glaube, wir alle müssen auf unsere Liebe aufpassen. Der Judasbrief sagt: *„Betet im Heiligen Geist, erhaltet euch in der Liebe Gottes...“* Ich denke, das ist ein Schlüssel, wie wir uns in der Liebe Gottes erhalten können - im Heiligen Geist beten. Zumindest können wir nicht sagen, wir wären nicht gewarnt worden. Ich kann mir keine klareren Worte vorstellen als die, die ich eben zitiert habe. Ich möchte Sie nicht deprimieren, aber ich möchte Sie mit den Fakten konfrontieren. Wenn Ihr Glaube die Konfrontation mit den Fakten nicht aushält, dann sollten Sie besser Ihren Glauben überprüfen.

Jesus sagt in Lukas 21,28: *„Wenn aber diese Dinge anfangen zu geschehen, so blickt auf und hebt eure Häupter empor, weil eure Erlösung naht."* Man kann das Ganze aus zwei Blickwinkeln betrachten. Man kann sagen: „Es wird alles immer schlimmer" (was ja auch stimmt). Oder man sagt: „Die Wiederkunft des Herrn kommt immer näher." Wie Sie reagieren, bestimmt darüber, wie Sie durch diese Zeit gehen werden.

Wiederholen wir noch einmal kurz einige Zeichen in diesem Text:

- **Weltkriege**
- **Hungersnöte**
- **Seuchen**
- **Erdbeben**
- **Weltweite Christenverfolgung**
- **Viele Christen werden abtrünnig und verraten ihre Glaubensgeschwister**
- **Viele falsche Propheten oder Sekten**

- **Ein Überhandnehmen der Gesetzlosigkeit**
- **Ein Erkalten der Liebe**

Ein weiteres Zeichen finden wir in Psalm 102,17:

> *„Denn der HERR wird Zion aufbauen, er wird erscheinen in seiner Herrlichkeit."*

In der alten King-James-Version heißt es: „Wenn der Herr Zion aufbauen wird, wird er in seiner Herrlichkeit erscheinen." Ich glaube, dass der Aufbau Zions eines der großen weltweiten Indizien dafür ist, dass das Erscheinen des Herrn in seiner Herrlichkeit nahe ist.

Dann haben wir noch zwei sehr interessante - wie ich sie nennen möchte - säkulare Zeichen in Daniel 12,4. Daniel hatte eine Offenbarung über die Endzeit bekommen und dann wird ihm in Vers 4 gesagt:

> *„Und du, Daniel, halte die Worte geheim und versiegle das Buch bis zur Zeit des Endes! Viele werden suchend umherstreifen* [oder: „hin- und herrennen"], *und die Erkenntnis wird sich mehren."*

Zwei kurze, knappe Statements in einem Satz: Die Menschen werden viel mehr herumreisen und viel mehr erkennen bzw. wissen. Das trifft auf jeden Fall auf unsere heutige Zeit zu. Reisen und Wissen hängen zusammen, weil es das Wissen bzw. die Wissenschaft ist, die das Reisen in diesem Ausmaß überhaupt erst möglich gemacht hat. Sehen Sie, wie exakt die Heilige Schrift ist? Das bezieht sich auf das Ende der Zeit.

Werfen wir einen Blick auf Lukas 21,24, ein Vers, der eigentlich direkt auf Psalm 102,17 folgen sollte. Ich lese nur die zweite Hälfte des Verses:

> *„Jerusalem wird zertreten werden von den Nationen, bis die Zeiten der Nationen erfüllt sein werden."*

Dieses Wort „zertreten" bedeutet Beherrschung und eine aufgezwungene Herrschaft. Dies war Realität vom Jahr 70 bis ins Jahr 1948. Im Jahr 1948 wurde Westjerusalem in einem beträchtlichen Ausmaß von nichtjüdischer Herrschaft befreit. Dann folgte eines der kritischsten Jahre dieses Jahrhunderts, das Jahr 1967, in dem die Altstadt, also der Kern von Jerusalem von nichtjüdischer Herrschaft befreit wurde, was meiner Meinung nach eines der wichtigsten Einzelereignisse des 20. Jahrhunderts war.

Die „Zeiten der Nationen", wie es in diesem Vers heißt, sind meiner Auffassung nach die Zeiten, in denen nichtjüdische Herrscher und Reiche das Land beherrschen, das Gott Israel zugeteilt hat, und die Stadt Jerusalem. Es ist eine ganz spezielle Verantwortung des jüdischen Volkes, sich um die Stadt Jerusalem zu kümmern. Sie werden feststellen, dass die Juden ein leidenschaftliches Anliegen für das Wohlergehen Jerusalems haben. Seit 1900 Jahren beten Sie unaufhörlich, Tag für Tag, für die Wiederherstellung Jerusalems. Rein historisch betrachtet könnte man gut und gerne sagen, dass Jerusalem unter jüdischer Herrschaft florierte und unter nichtjüdischer Herrschaft dahinsiechte. Das ist eine geschichtliche Tatsache.

Ich habe einen Freund in der Stadt Jerusalem, einen Rabbiner in der fünften Generation, der in Jerusalem geboren wurde und immer zu der Reisegruppe sprach, mit der wir dorthin fuhren. Einmal redete er mit einer Gruppe und erklärte ihr, dass das jüdische Volk diese spezielle Verantwortung verspürt, sich um die Stadt Jerusalem zu kümmern. Er erklärte, wie Jerusalem aufgebaut wurde, seit es wieder unter israelischer Herrschaft ist. Er wusste, dass er zu Christen sprach, und sagte: „Schließlich möchte Jesus, wenn er zurückkommt, ein gutes Jerusalem vorfinden, nicht wahr?“ Ich dachte mir: „Ich bin mir nicht sicher, ob du weißt, was du da sagst.“

Weiter mit 1. Timotheus 4,1-2. Hier wird ein weiteres Merkmal der Endzeit erwähnt:

> „*Der Geist aber sagt ausdrücklich, dass in späteren Zeiten* [das ist eine der biblischen Umschreibungen der Endzeit] *manche vom Glauben* [vom christlichen Glauben] *abfallen werden...*“

Wir sprechen hier also von Christen. Sind Sie sich darüber im Klaren? Wir reden hier von Menschen, die glauben, aber dann von diesem Glauben abfallen.

> „*...dass in späteren Zeiten manche vom Glauben abfallen werden, indem sie auf betrügerische Geister und Lehren von Dämonen achten...*“

Wir brauchen nicht weiterzulesen. Wir haben hier die Warnung, dass am Ende dieses Zeitalters der Einfluss von Dämonen, religiösem Betrug und religiöser Verblendung so stark sein wird, dass Christen vom Glauben abgebracht werden. Ich persönlich habe viele Beispiele dafür erlebt. Wie steht es mit Ihnen? Es ist schockierend, doch gleichzeitig sollte es den eigenen Glauben stärken, weil die Bibel sagt, dass genau das geschehen wird. Wenn es nicht geschehen würde, könnten Sie sagen, die Bibel sei nicht zuverlässig. 2. Timotheus 3,1-5:

> *„Dies aber wisse, dass in den letzten Tagen schwere Zeiten* [oder „gefährliche Zeiten"] *eintreten werden..."*

Warum sind diese Zeiten „gefährlich"? Nicht wegen der Kernspaltung, nicht wegen eines drohenden Atomkriegs, sondern wegen der Degenerierung des menschlichen Charakters. Das ist das Grundübel. Die Atombombe hat sich ja nicht selbst gebaut und wird sich auch nicht von selbst abwerfen. Der verworfene und verkommene Charakter des Menschen ist die Wurzel aller Probleme.

Paulus sagt weiter:

> *„...denn die Menschen werden selbstsüchtig sein, geldliebend, prahlerisch, hochmütig, Lästerer, den Eltern ungehorsam, undankbar, unheilig, lieblos, unversöhnlich, Verleumder, unenthaltsam, grausam, das Gute nicht liebend, Verräter, unbesonnen, aufgeblasen, mehr das Vergnügen liebend als Gott..."*

Sie täten gut daran, gelegentlich diese Liste durchzulesen. Sehen Sie sich die Situation in Ihrer Nation an und beurteilen

Sie selbst, wie viele dieser Eigenschaften Sie im Charakter und im Verhalten der Menschen in Ihrem Umfeld wiederfinden. Hier werden 18 moralische Fehler aufgelistet. Seit ich lebe, haben all diese Eigenschaften in Großbritannien, in Amerika, in Skandinavien, in Westeuropa und im Nahen Osten in dramatischer Art und Weise zugenommen, ja an allen Orten, die ich kenne, haben diese moralischen Defekte dramatisch zugenommen.

Es ist interessant, festzuhalten, was an erster und was an letzter Stelle steht. Die Aufzählung beginnt mit der Liebe zu sich selbst, geht gleich weiter zur Liebe zum Geld und endet mit der Liebe zum Vergnügen. Ist das etwa kein genaues Bild unserer heutigen westlichen Kultur? Die Liebe zu sich selbst, die Liebe zum Geld und die Liebe zum Vergnügen. Alle anderen Fehler und Makel sind darin enthalten.

Im natürlichen Bereich ist es so, dass sich der Verfall immer unaufhaltsam fortsetzt. Wenn irgendwo der Verfall beginnt, wenn eine Frucht zu faulen beginnt, gibt es keine Besserung. Sie fault stattdessen immer mehr. Bei einer Frucht ist es so, dass man sie eine Zeit lang aufbewahren kann. Wenn man einen schönen Pfirsich in den Kühlschrank legt, kann man den Prozess des Faulens verlangsamen, aber weder ganz aufhalten noch umkehren. Früher oder später wird er sogar im Kühlschrank schrumpelig und unansehnlich. Der Kühlschrank steht meines Erachtens für die Religion. Man kann Menschen in den Kühlschrank der Religion legen und damit den äußerlichen Verfallsprozess verlangsamen, aber im Inneren wird sich dadurch nichts ändern. Warum erwähne ich das? Nun, sehen wir uns den nächsten Vers an. Der nächste Vers sagt über die Menschen, die soeben aufgezählt wurden:

> *„...die eine Form der Gottseligkeit haben, deren Kraft aber verleugnen..."*

Das sind keine unreligiösen Menschen. Offen gesagt sind das Menschen, die regelmäßig in Gottesdienste gehen. Das sind Menschen mit einem konfessionellen Etikett. Sie bewahren sich ihr Etikett und man sieht sie in der Gemeinde, aber sie lehnen die umgestaltende Kraft Gottes ab, die sie in gerechte Menschen verwandeln könnte. Die Bibel gibt uns den guten Rat, uns von ihnen fernzuhalten.

Lesen wir weiter in diesem Kapitel. 2. Timotheus 3,8-9:

> *„Auf die Weise aber wie Jannes und Jambres Mose widerstanden, so widerstehen auch sie der Wahrheit, Menschen, verdorben in der Gesinnung, im Blick auf den Glauben unbewährt. Sie werden aber nicht weiter vorwärts kommen, denn ihr Unverstand wird allen offenbar werden, wie es auch bei jenen der Fall war."*

Damit sind Jannes und Jambres gemeint. Kennen Sie die beiden? Sie waren zwei Zauberer, die sich am Hof des Pharao Mose widersetzten. Paulus redet hier von praktizierenden Okkultisten. Er sagt, so wie sich die Zauberer Jannes und Jambres Mose widersetzten, so werden sich am Ende der Zeit die praktizierenden Okkultisten der Wahrheit des Evangeliums widersetzen. Stimmt das? Geschieht das tatsächlich? Mit Sicherheit!

Ich bin davon überzeugt, dass der letztendliche Konflikt kein theologischer Konflikt sein wird, sondern ein Konflikt, bei dem es um Kraft und Macht geht. Mose sagte: „Ihr habt Stäbe und ich habe einen Stab. Werfen wir sie zu Boden. Meiner wird zu einer Schlange werden.“ So geschah es auch. Und auch die Stäbe der Zauberer wurden zu Schlangen. Haben Sie schon einmal darüber nachgedacht? Sie hatten okkulte Kräfte. Doch das Großartige daran war, dass Moses Schlange die Schlangen der Zauberer auffraß. Ich stelle mir das so vor, dass Mose mit einem Stab aus diesem Konflikt herausging, der viel größer und dicker war als vorher, während die Zauberer gar keinen Stab mehr hatten! Genau darüber spricht Paulus hier. Wenn wir keinen Stab haben, der die Stäbe der Zauberer auffressen kann, dann sollten wir uns rasch damit ausrüsten. Es wird nicht um einen Konflikt der Doktrinen gehen, sondern darum, Kraft mit noch größerer Kraft zu begegnen. Betrachten wir noch eine weitere Stelle.

2. Thessalonicher 2,3:

> *„Lasst euch von niemand auf irgendeine Weise verführen, denn dieser Tag* [das ist der Tag der Wiederkunft des Herrn] *kommt nicht, es sei denn, dass zuerst der Abfall gekommen und der Mensch der Gesetzlosigkeit geoffenbart worden ist, der Sohn des Verderbens.“*

Man hatte den Thessalonichern gesagt, der Tag des Herrn sei bereits gekommen. Paulus schrieb ihnen, um diesen Irrtum zu korrigieren, und sagt ihnen, dass der Tag des Herrn ganz sicher erst dann kommen wird, wenn zuvor der Abfall gekommen ist. Das griechische Wort hierfür lautet *apostasia*, von dem sich unser Wort „Apostasie“, also Abfall vom Glauben herleitet. Vor der Wiederkunft des Herrn wird es eine große

Apostasie geben; „Apostasie“ ist die bewusste Ablehnung offenbarter religiöser Wahrheit. Ich würde sagen, wir leben in einer Zeit der Apostasie.

Die jüngsten Ereignisse in Großbritannien mit der Ordination des Bischofs von Durham haben den wahren Zustand der Christenheit so deutlich wie nichts anderes ans Licht gebracht - einen Zustand der Apostasie seitens der Leiterschaft. Der Bischof von Durham machte mit allem Nachdruck drei Statements: Er glaube nicht an die jungfräuliche Geburt; er glaube nicht an die Göttlichkeit Jesu und er glaube nicht an die körperliche Auferstehung Jesu. Er deutete an, andere Christen bräuchten diesen Glauben. Vor diesem Hintergrund wurde er zum Bischof ordiniert, zum Bischof des drittgrößten Bistums der anglikanischen Kirche in Großbritannien. Noch abtrünniger kann man nicht sein! Dem ist nichts hinzuzufügen.

Natürlich gab es darauf Reaktionen - nicht von anderen Bischöfen, sondern von Laien. Zwei Drittel der anderen Bischöfe waren mit ihm einer Meinung. Das bedeutet, dass sie alle Eidbrecher sind, denn in der anglikanischen Kirche kann man nicht einmal zum Pfarrer ordiniert werden, wenn man sich nicht zu den 39 Artikeln bekennt. Sie sind Lügner. Wissen Sie, was ich diesen Männern rate? Gründet eure eigene Religion, aber lasst den Namen Jesu dabei aus dem Spiel!

Wir wollen aber nicht mit dem Finger auf die anglikanische Kirche zeigen. Alle größeren Denominationen haben ähnliche Probleme. Es gibt niemanden, der diesbezüglich mit dem Finger auf andere zeigen kann. Ich glaube, so etwas hat es bislang noch nie gegeben. Es gab im Lauf der Jahrhunderte immer wieder Geistliche, die auf der schiefen Bahn waren, die unmoralisch waren und ausschweifend, die erpressten und bestachen, aber sie leugneten nicht in aller Öffentlichkeit die großen, grundlegenden, zentralen Lehren des christlichen Glaubens. Das gibt es erst seit einigen Jahren. Wissen Sie, womit und wo das anfing? Mit der neuen Theologie in Deutschland. Wissen Sie, wie - stark vereinfacht gesprochen - die Konsequenzen in Deutschland aussahen? Hitler. Wissen Sie, wie die Konsequenzen überall dort aussehen werden, wohin sich dies ausbreitet? Genauso!

Ich möchte kurz ein Bild aus dem Hohelied heranziehen. Das Hohelied sagt: Wir haben eine kleine Schwester. Was tun wir mit ihr? Das Hohelied sagt: Wenn sie eine Tür ist, dann schließe sie mit Brettern aus Zedernholz. Doch wenn sie eine Mauer ist, dann baue Türme aus Silber auf ihr. Für mich ist das ein Gleichnis für die Christenheit. Wenn die Christenheit eine Tür ist, die die Flut des Bösen hereinlässt, wird Gott sie mit Brettern verschließen. Wenn sie jedoch eine Mauer ist, die die Flut des Bösen fern hält, wird Gott Türme aus Silber auf ihr bauen. Die Gemeinde Jesu wird das Böse entweder ausschließen oder hereinlassen. Die Gemeinde Jesu ist das Bollwerk einer Nation.

In Hesekiel 22 spricht Gott vom totalen Verfall der Nation und führt Gruppen von Menschen an, die versagt haben. Die Reihenfolge lautet: Propheten, Priester, Fürsten, Volk. Beachten Sie, wo es anfängt. An erster Stelle stehen die Propheten, dann kommen die Priester, dann die säkularen Herrscher und dann das Volk. Die Verantwortung für Adolf Hitler ruht in erster Linie auf den deutschen Theologen und sie ruht - allgemeiner gesprochen - auf den Gemeinden und Kirchen. Der

Antichrist kann erst offenbar werden, wenn es einen Abfall, eine Apostasie, gegeben hat. Es ist diese Apostasie, die dem Antichrist Tür und Tor öffnet.

Ich war vor kurzem in München in der Paul Gerhardt Gemeinde bei Pastor Wilfried Künneth. Sein Vater war einer der führenden lutheranischen Theologen der vorigen Generation gewesen. Vor kurzem gab es eine Fernsehsendung, in der der alte Pastor Künneth, der über achtzig ist, und ein anderer Mann darüber sprachen, was sie unter Adolf Hitler erlebten. Dieser andere Mann sagte, er sei zu jemandem hingegangen und habe zu ihm gesagt: „Ich möchte nur eins wissen. Ist er der Antichrist?“ Das kommt der Realität sehr nahe. Hitler war selbst nicht der Antichrist, aber eine Art Entwurf, eine Vorschau auf den Antichrist. Ich möchte nun noch einmal kurz die Zeichen zusammenfassen, die wir erarbeitet haben:

- **fleischliche Verderbtheit**
- **böse Gedanken**
- **Gewalt**
- **Homosexualität**
- **Materialismus**
- **Weltkriege**
- **Hungersnöte**
- **Seuchen**
- **Erdbeben**
- **Weltweite Christenverfolgung**

- **Viele Christen werden abtrünnig und verraten ihre Glaubensgeschwister**
- **Viele falsche Propheten oder Sekten**
- **Ein Überhandnehmen der Gesetzlosigkeit**
- **Ein Erkalten der Liebe**
- **Der Wiederaufbau Zions**
- **Befreiung Jerusalems von nichtjüdischer Herrschaft**
- **Weltweit mehr Reisen und mehr Wissen**
- **Christen werden von Dämonen und falschen Lehren beeinflusst**
- **Allgemeiner Verfall des Charakters und ethischer Werte hinter der Fassade der Religion**
- **Widerstand seitens praktizierender Okkultisten**
- **Eine große Apostasie innerhalb der Christenheit**

Ich würde sagen, dass meiner Beobachtung nach mindestens achtzig Prozent dieser Zeichen ein auffälliges Merkmal der Zeit sind, in der wir leben, und zwar in einem wohl noch nie da gewesenen Ausmaß.

Wie gehen wir nun mit dieser ganzen Situation um? Es folgen nun noch drei weitere Anforderungen. Wir machen uns Gedanken darüber, wie wir dem Kommen des Messias den Weg bereiten. Ich habe Sie nun an den Punkt gebracht, an dem Sie anfangen können, die Bedingungen zu erfüllen, wenn Sie sich dazu entscheiden.

Die nächste Anforderung lautet: Heiligung und die richtigen Beziehungen pflegen. Sehen wir uns dazu Hebräer 12,14 an:

> *„Jagt dem Frieden mit allen nach und der Heiligung, ohne die niemand den Herrn schauen wird."*

Das ist eine klare Aussage. Ohne Heiligung wird niemand den Herrn schauen. Vielleicht wissen Sie von der Lehre her, dass er kommt, aber ohne Heiligung werden Sie nicht bereit sein, ihm zu begegnen.

Es heißt auch: „Jagt dem Frieden nach." Das heißt: Versuchen Sie, soweit es Ihnen möglich ist, gute Beziehungen zu den Menschen in Ihrem Umfeld zu pflegen - Ihre Glaubensgeschwister eingeschlossen. In der Regel ist es bei ihnen am schwierigsten.

In 2. Petrus 3 geht es um den Tag des Herrn. Lesen wir Vers 10 bis 12:

> *„Es wird aber der Tag des Herrn kommen wie ein Dieb* [sehen Sie - wieder dieses Bild!]*; an ihm werden die Himmel mit gewaltigem Geräusch vergehen, die Elemente aber werden im Brand aufgelöst und die Erde und die Werke auf ihr im Gericht erfunden werden. Da dies alles so aufgelöst wird* [setzen Sie Ihr Vertrauen also nicht auf materielle Dinge]*, was für Leu-*

> *te müsst ihr dann sein in heiligem Wandel und Gottseligkeit..."*

Das ist die Antwort: in heiligem Wandel und Gottseligkeit.

> *„...indem ihr die Ankunft des Tages Gottes erwartet und beschleunigt..."*

Beachten Sie hier diese Erwartungshaltung. Es heißt: „erwarten" und dann „beschleunigen". Haben Sie schon einmal darüber nachgedacht? Sie können das Kommen des Tags des Herrn beschleunigen. Wenn Sie es beschleunigen können, dann können Sie auch das Gegenteil, also hinauszögern. Ich glaube, dass die Gemeinde Jesu die Verantwortung für die Verzögerung der Rückkehr des Herrn trägt. Ich erkläre Ihnen gleich, warum: Wir haben nicht getan, was uns aufgetragen wurde. Wenn wir diese Verantwortung tragen, dann tragen wir auch die Verantwortung für all das Elend und die Krankheiten und die Kriege und die Gewalt, die Jahrhundert für Jahrhundert andauern und andauern werden, bis der Herr wiederkommt.

Betrachten wir noch einen weiteren Vers, 2. Petrus 3,14:

> *„Deshalb, Geliebte, da ihr dies erwartet, befleißigt euch, unbefleckt und tadellos von ihm im Frieden erfunden zu werden."*

Das sind drei Anforderungen an uns: Im Frieden, unbefleckt und tadellos. „Im Frieden" bedeutet intakte Beziehungen; „unbefleckt" bedeutet jede Sünde in Ihrem Leben wurde bekannt, Sie haben keine Flecken auf Ihrem Kleid; „tadellos" bedeutet: Sie tun alles, was Sie tun sollen.

1. Johannes 3,2-3:

> *„Geliebte, jetzt sind wir Kinder Gottes, und es ist noch nicht offenbar geworden, was wir sein werden; wir wissen, dass wir, wenn es offenbar werden wird, ihm gleich sein werden, denn wir werden ihn sehen, wie er ist.* [Wissen wir das? Ich hoffe schon.] *Und jeder, der diese Hoffnung auf ihn hat, reinigt sich selbst, wie er rein ist."*

Sie sagen vielleicht, Sie haben die Hoffnung, doch der Beweis dafür ist was? Dass Sie sich reinigen. Jeder, der die Hoffnung hat, reinigt sich - das ist nicht jeder, der rein lehrmäßig an die Wiederkunft des Herrn glaubt. Es liegt auf der Hand, dass sich jeder reinigt, der wahrhaftig auf die Wiederkunft des Herrn hofft. Das zeugt von gesundem Menschenverstand. Wie können wir den Herrn in seiner Herrlichkeit, Macht und Heiligkeit erwarten und angesichts dessen selbst untätig bleiben? Dann wäre es ja nur ein Lippenbekenntnis.

Ich wiederhole diesen Punkt noch einmal:

- **Heiligung und die richtigen Beziehungen pflegen**

Der nächste Punkt gefällt mir wirklich sehr gut: Das Evangelium des Reiches allen Nationen verkünden. Es heißt in 2. Petrus 3,12, wir sollen die Ankunft des Tages Gottes beschleunigen. Wie? Was können wir tun, um das Kommen dieses Tages zu beschleunigen? Ich möchte Ihnen hier vor allem eines nahe legen: Indem wir das Evangelium des Reiches allen Nationen verkündigen, beschleunigen wir die Ankunft des Tages Gottes! Indem wir dies versäumen, zögern wir das Kommen des Herrn hinaus. Es stehen uns zwei Alternativen offen.

Kommen wir noch einmal kurz zurück auf Matthäus 24 und betrachten wir noch einmal einige Verse. Richten wir unser Augenmerk auf die Frage der Jünger in Vers 3:

> *„Sage uns, wann wird das sein, und was ist* ***das*** *Zeichen deiner Ankunft und der Vollendung des Zeitalters?"*

Ich wies darauf hin, dass es sich hierbei um eine ganz konkrete Frage handelte: „Was wird **das** Zeichen sein?" In den Versen, die wir uns bisher angesehen haben, fanden wir etliche Zeichen (Mehrzahl), aber noch nicht **das** Zeichen. In Vers 14 haben wir schließlich **das** Zeichen.

> *„Und dieses Evangelium des Reiches* [Beachten Sie: Es ist das Evangelium des Reiches und keine verwässerte menschliche Version] *wird gepredigt werden auf dem ganzen Erdkreis, allen Nationen zu einem Zeugnis, und dann wird das Ende kommen."*

Das ist sehr klar und absolut unmissverständlich. Was ist notwendig, um das Ende der Zeit voranzutreiben? Die Verkündigung des Evangeliums des Reiches allen Nationen. Wer wird dies tun? Die Politiker? Wohl kaum. Die Gemeinde Jesu wird es tun! Wir sind der Leib Christi. Deshalb sind wir der entscheidende Faktor, der die menschlichen Geschicke beeinflusst. Die Themen, die die Welt betreffen, liegen an der Türschwelle der Gemeinde. In diesem Sinne sind wir wichtiger als die Politiker oder Militärs oder Wissenschaftler. Das ist eine Verantwortung, die auf uns ruht. Was fangen Sie damit an? Ist Ihnen überhaupt bewusst, dass Sie diese Verantwortung haben?

Warum muss das Evangelium allen Nationen gepredigt werden? Gott hat es so verfügt. Das ist der Grund. Aber ich denke, in Offenbarung 5,9 wird das Ganze noch aus einem anderen Blickwinkel betrachtet. Hier finden wir das Lied der Erlösten in Herrlichkeit.

> *„Und sie* [die Erlösten] *singen ein neues Lied und sagen: Du* [das ist Jesus, das Lamm Gottes] *bist würdig, das Buch zu nehmen und seine Siegel zu öffnen; denn du bist geschlachtet worden und hast durch dein Blut für Gott erkauft aus jedem Stamm und jeder Sprache und jedem Volk und jeder Nation..."*

Unter den Erlösten müssen Vertreter jedes Stammes, jeder Sprachgruppe, jedes Volks und jeder Nation sein. Die Erlösten müssen alle Nationen und Sprachgruppen umfassen. Gott hat mir nicht gesagt, warum, aber ich habe eine Vermutung: Weil Gott möchte, dass Jesus geehrt wird und es gereicht Ihm zur Ehre, dass Sein Opfer für keine Nation auf Erden umsonst war. Doch nur die, die das Evangelium hören, können glauben; und nur die, die glauben, können zu den Erlösten gehören. Jesus sagt: *„Und dieses Evangelium des Reiches wird gepredigt werden auf dem ganzen Erdkreis, allen Nationen zu einem Zeugnis, und dann wird das Ende kommen."*

Wir finden noch eine weitere Anforderung in Römer 11,25. Vielleicht schwirrt Ihnen ja jetzt schon ein wenig der Kopf! Ich werde Ihnen deshalb am Ende des ersten Teils dieses Buches noch einmal eine Übersicht geben. Ich möchte Sie von nichts überzeugen, das nicht biblisch ist. Bitte prüfen Sie deshalb das, was ich sage, anhand des Wortes Gottes.

Werfen wir einen Blick auf Römer 11,25-26. In diesem Kapitel geht es um das Geheimnis, warum Israel blind ist. Ich möchte nur diese beiden Verse herausgreifen:

> *„Denn ich will nicht, Brüder, dass euch dieses Geheimnis unbekannt sei..."*

Mir ist aufgefallen, dass der Apostel Paulus mindestens ein halbes dutzend Mal sagt, er möchte nicht, dass den Gläubigen etwas unbekannt sei. Wissen Sie, was mir auch aufgefallen ist? In den meisten Fällen sind den Gläubigen unserer Zeit diese Dinge tatsächlich unbekannt! Da hat sich in 1900 Jahren nichts geändert!

> *„Denn ich will nicht, Brüder, dass euch dieses Geheimnis unbekannt sei, damit ihr nicht euch selbst für klug haltet..."*

Wem dieses Geheimnis unbekannt ist, der neigt dazu, sich selbst und seine eigene Meinung für klug zu halten - was eines der großen Probleme der Gemeinde ist. Das Geheimnis wird nun formuliert:

> *„Verstockung ist Israel zum Teil widerfahren, bis die Vollzahl der Nationen eingegangen sein wird..."*

Fast überall, wo in der Bibel davon die Rede ist, dass Israel abseits steht, folgt als nächstes Wort ein „bis". Die Bibel möchte damit unbedingt hervorheben, dass dies kein Dauerzustand ist. Worauf weist das „bis“ in diesem Text hin? „Bis die Vollzahl der Nationen eingegangen sein wird...“ Das ist von Gott in seiner unerforschlichen Weisheit so verfügt worden. Alle Nichtjuden, alle Nationen, müssen die Botschaft hören und die Gelegenheit bekommen zu glauben. Alle, die zum Glauben bestimmt sind, müssen vor der endgültigen Wiederherstellung Israels hereinkommen. Wenn Ihnen die Wiederherstellung Israels wirklich am Herzen ist, dann ist die Verkündigung des Evangeliums allen Nationen mit das Wichtigste, was Sie tun können. Israel kann erst dann voll und ganz wiederhergestellt werden, wenn dies geschehen ist. Das ist ein Geheimnis, aber es wird unmissverständlich dargelegt. Das ganze Geheimnis geht im Grunde darauf zurück, dass sie abseits gestellt wurden, damit die Nationen eine Gelegenheit hatten, hereinzukommen.

Wir verdanken ihnen alles. Ich beschreibe das auch in meinem kleinen Booklet *Was wir Israel schuldig sind*. Ausnahmslos verdanken wir dem jüdischen Volk unser gesamtes geistliches Erbe. Ohne sie gäbe es keine Patriarchen, keine Propheten, keine Apostel, keine Bibel und keinen Heiland. Wie viel bleibt uns ohne alledem? Nichts. Es war ihr Eifer und ihr Engagement trotz aller Widrigkeiten, wodurch das Evangelium zu den Nichtjuden kam. Wir stehen in ihrer Schuld und müssen diese Schuld zurückzahlen. Wir können sie unter anderem dadurch zurückzahlen, dass wir die Bedingung dafür erfüllen, dass sie voll und ganz wiederhergestellt werden können. *„Verstockung ist Israel zum Teil widerfahren, bis die Vollzahl der Nationen eingegangen sein wird...“*. Dann heißt es weiter:

„...und so wird ganz Israel errettet werden, wie geschrieben steht: 'Es wird aus Zion der Erretter kommen...“

Das ist eine meiner Leidenschaften. Je älter ich werde, desto leidenschaftlicher werde ich über zwei Verpflichtungen, die wir haben. Erstens: Dieses Evangelium allen Nationen zu verkünden. Zweitens: Für die Wiederherstellung Israels zu beten und zu arbeiten. Denn solange diese beiden Dinge nicht getan sind, wird die Welt das Reich Gottes nicht sehen. Wir tragen die Verantwortung.

Wie versprochen folgt an dieser Stelle abschließend eine Übersicht über den ersten Teil dieses Buches.

Die „Vorbereitung auf das Kommen des Messias“ umfasst folgende Punkte:

I. Sich der Verheißungen und des Zwecks bewusst sein

II. Eine ungeduldige Erwartungshaltung haben

III. Die Zeiten und Zeitpunkte verstehen

IV. Die Zeichen erkennen (ich habe mindestens zwanzig Zeichen genannt)

V. Heiligung und die richtigen Beziehungen pflegen

VI. Allen Nationen das Evangelium des Reiches verkündigen

VII. Für die Wiederherstellung Israels beten und arbeiten.

Böse Mächte in der Endzeit

Ich habe über dieses spezielle Thema in dieser Form noch nichts geschrieben, weil man das Ganze nämlich sehr leicht in einer negativen Art und Weise interpretieren und daraufhin in eine Art pessimistische Trübsal verfallen könnte. Aber das ist natürlich nicht meine Absicht. Ich glaube, wenn wir uns das ansehen, was die Bibel über die letzte Phase dieses Zeitalters zu sagen hat, dann verstehen wir vielleicht nicht die exakte Reihenfolge aller vorausgesagten Ereignisse bzw. was genau geschehen wird, aber das Wort Gottes deutet doch eine Reihe sehr konkreter Trends und Kräfte an, die in jener Zeit wirksam sein werden. Ich denke, sie sind in unserer Zeit so offenbar, dass es sehr töricht von uns wäre, das zu ignorieren, was die Schrift uns gerne zeigen möchte. Die Bibel sagt über die Prophetie, sie sei ein Licht, das in der Finsternis scheint, und wir tun gut daran, darauf zu achten, was sie zu sagen hat. Es wäre also sehr töricht, sich über die Prophetie hinwegzusetzen und so zu tun, als ob wir sie eigentlich gar nicht bräuchten.

Ich werde mich im zweiten Teil dieses Buches nicht im engeren Sinne mit jenen prophetischen Wahrheiten beschäftigen, in denen es darum geht, wer der Antichrist sein wird oder wo die Schlacht von Harmagedon sein wird. Es geht mir vielmehr um die Kräfte, die in jener Phase am Werk sind und die allesamt in der Schrift im Voraus angekündigt werden. Auch wenn wir vielleicht nicht genau wissen, welchen Lauf die Dinge nehmen werden, so können wir doch zumindest diese Kräfte identifizieren. Am Wichtigsten dabei ist, dass wir auf diesem Weg herausfinden, wer unsere Freunde und wer unsere Feinde sind. Der Titel dieses Teils des Buches lautet also „Böse Mächte in der Endzeit".

Wenn wir uns einen Überblick über diese Thematik verschaffen, stoßen wir auf ein entscheidendes, markantes Schlüsselwort, das sich auf alle bösen Kräfte bezieht, die in dieser Phase der Endzeit freigesetzt werden sollen und bereits freigesetzt worden sind. Dieses Schlüsselwort lautet „Antichrist". Ich möchte nun einige Zeit damit zubringen, die überaus klaren biblischen Aussagen über den Antichrist etwas näher zu erläutern. Ich vertraue darauf, dass Sie erkennen werden, dass dies nichts mit dem melodramatischen Porträt irgendeines speziellen gottlosen Herrschers zu tun hat.

Eine Schlüsselstelle in diesem Zusammenhang ist 1. Johannes 2,18-22:

„Kinder, es ist die letzte Stunde..."

Beachten Sie, dass diese „letzte Stunde" bereits zur Zeit des Apostels Johannes begonnen hat, so wie ja schon am Pfingsttag der Apostel Petrus andeutet, dass die letzten Tage bereits angebrochen sind, weil er ja die Prophetie Joels zitiert, in der es heißt: *„Und es wird geschehen in den letzten Tagen, spricht Gott, dass ich von meinem Geist ausgießen werde auf alles Fleisch'..."* Und Petrus deutet an, dass diese Worte sich exakt zu jener Zeit - an Pfingsten - erfüllten.

Im Zusammenhang mit der Endzeit erinnert uns der Apostel Petrus in 2. Petrus 3 daran, dass für den Herrn ein Tag wie tausend Jahre und tausend Jahre wie ein Tag sind. Und Petrus erinnert uns an diese Tatsache ganz speziell im Zusammenhang mit der Endzeitthematik.

Wenn man dies nun ganz wörtlich nimmt - wie man die Bibel ja in aller Regel nehmen sollte -, dann bedeutet das, dass von Pfingsten bis heute lediglich zwei Tage vergangen sind. Ich denke, damit können wir die Tatsache leichter akzeptieren, dass sich die Christen bereits zu Pfingsten in den letzten Tagen bzw. in der Endzeit befanden und wir heute noch immer in den letzten Tagen bzw. in der Endzeit sind, aber wir sind noch nicht am Ende der Zeit, am Höhepunkt, am Abschluss, angelangt.

Fahren wir nun fort mit 1. Johannes 2,18:

„Kinder, es ist die letzte Stunde, und wie ihr gehört habt, dass der Antichrist kommt, so sind auch jetzt viele Antichristen aufgetreten...“

Vergessen Sie nicht, dass es zur Zeit des Johannes bereits viele Antichristen gab.

> *„...daher wissen wir, dass es die letzte Stunde ist.“*

Das ist sehr wichtig: Antichrist ist ein ganz spezielles Kennzeichen der letzten Tage. Das ist eine charakteristische Eigenschaft jener letzten Zeit, die man in keiner früheren Zeit vorfand und auch in keiner späteren Zeit mehr vorfinden wird. Es ist ein exklusives Kennzeichen der letzten Tage.

> *„Sie sind von uns ausgegangen, aber sie wa-*

ren nicht von uns; denn wenn sie von uns gewesen wären, würden sie wohl bei uns geblieben sein; aber sie blieben nicht, damit sie offenbar würden, dass sie alle nicht von uns sind. Und ihr habt die Salbung von dem Heiligen und wisst alles [oder 'ihr alle wisst']. *Ich habe euch nicht geschrieben, weil ihr die Wahrheit nicht kennt, sondern weil ihr sie kennt und wisst, dass keine Lüge aus der Wahrheit ist. Wer ist der Lügner, wenn nicht der, der leugnet, dass Jesus der Christus ist? Der ist der Antichrist, der den Vater und den Sohn leugnet."*

Zu Beginn möchte ich die Bedeutung des Wortes „Antichrist" erläutern. Allein schon, wenn man weiß, was das Wort bedeutet, bekommt man einen sehr aufschlussreichen Einblick in diesen gesamten Themenbereich. Das Wort „Antichrist" ist ein griechisches Wort, das sich aus der Präposition *anti* und dem Wort *Christus*, griechisch *christos*, zusammensetzt. Es lautet also *antichristos*.

Die Präposition *anti* hat im Griechischen zwei unterschiedliche Bedeutungen, die allgemein akzeptiert sind. Die erste lautet „gegen"; die zweite lautet „anstelle von". Um die ganze Tragweite dessen, womit wir uns hier beschäftigen, verstehen zu können, müssen wir diese beiden Bedeutungen berücksichtigen: „gegen" und „anstelle von".

Das griechische Wort *christos* bedeutet „der Gesalbte"; das griechische Hauptwort für „Salbung" lautet *chrisma*. Diese beiden Worte sind also eng verwandt, haben allerdings nichts mit dem Wort *charisma* zu tun. Das griechische Wort *christos* ist die direkte Entsprechung des hebräischen Wortes *maschiach*, das im Alten Testament verwendet wird und „der Gesalbte" bedeutet und normalerweise mit „Messias" übersetzt wird. Es ist schon erstaunlich, wie wenig sich Christen und Juden dieser einfachen Tatsache bewusst sind, dass wir, wenn wir sagen „Jesus ist der Christus", im Endeffekt sagen „Jesus ist der Messias". Ich bin mittlerweile so weit - was zum Teil an meinem dauerhaften Engagement für Israel liegt -, dass ich das Wort „Christus", im Englischen *Christ*, nur mehr sehr widerwillig verwende, da es so häufig missbraucht und missverstanden und sogar beim Fluchen verwendet wird, hauptsächlich - und es tut mir Leid, das sagen zu müssen - von Juden. Aus diesem Grund glaube ich, dass es zu bevorzugen ist, wieder zum Wort „Messias" zurückzukehren. Ich ersetze bei meinen Ausführungen von Zeit zu Zeit das Wort „Christus" durch das Wort „Messias". Aber vergessen Sie nicht: Das hebräische Wort *maschiach*, von dem sich unser Wort „Messias" ableitet, und das griechische Wort *christos*, von dem sich unser Wort „Christus" ableitet, meinen beide dasselbe; beide Worte bedeuten „der Gesalbte".

Wir werden im weiteren Verlauf dieses Buches feststellen, dass der Antichrist verschiedenartige Vorgehensweisen hat, die jedoch allesamt in der umfassenden Bedeutung des Wortes „Antichrist" zusammengefasst sind. Die Funktion bzw. die Absicht bzw. die Wirkungsweise des Antichrists besteht zunächst einmal darin, sich **gegen** den wahren Gesalbten, Jesus, den Messias, zu richten. Sein erstes Ziel besteht darin, den wahren Christus, den wahren Messias, Jesus von Nazareth, loszuwerden. Aber das ist noch nicht alles: Sein Endziel besteht darin, ihn durch einen anderen zu ersetzen; das wird ersichtlich an der Bedeutung **„anstelle von"**. Und man versteht erst dann so richtig, was heute in der Welt vor sich geht, wenn man versteht, dass Satan als Erstes darauf hinwirkt, Jesus, den wahren Gesalbten, aus dem Weg zu räumen, aber letztendlich den Wahren durch den Falschen, also den Antichrist, ersetzen möchte.

Wenn man die Sache so sieht, wird man erkennen, dass in vielen Gemeinden und Denominationen, die wir heute kennen, der Antichrist bereits sehr eifrig am Werk ist. Ein Freund von mir war Mitglied einer Methodistengemeinde. Vor etwa acht Jahren sagte er zu mir: „Derek, in unserer Gemeinde ist 'Jesus' ein Schimpfwort. Man kann über Buddha reden, man kann über Plato reden, man kann über Martin Luther King reden und alle sind glücklich und zufrieden. Doch wenn du über Jesus redest, ist das allen peinlich." Und das in einer Methodistengemeinde! (Dies ist kein Angriff gegen die Methodisten, sondern einfach nur eine Tatsache.) Was ist das? Das ist der Ansatz der Wirkung des Geists des Antichrists - den wahren Christus eliminieren. Doch diese Methodisten und Millionen andere Menschen erkennen nicht, dass das nicht das Ende sein wird. Am Ende soll Jesus aus dem Weg geräumt und durch einen anderen ersetzt werden.

Im Mittelmeerraum, der ja in vielerlei Hinsicht der Brennpunkt der Prophetie ist, gibt es drei Hauptreligionen: das Christentum, das Judentum und den Islam. Jede dieser Religionen glaubt an **einen** Gott. Es gibt nur eines, was sie davon abhält, zu einer Religion zusammenzugehen, und das ist die unangenehme historische Figur Jesus. Wenn Satan die „Gemeinde" davon überzeugen könnte, dass es uns mit einer netten Form der Religion gut gehen würde, die die Menschen nicht dadurch in Verlegenheit bringt, dass sie Jesus erwähnt und ein Blutopfer und die Notwendigkeit, an seinen Namen zu glauben, dann würde einer Koalition dieser drei Religionen - des Christentums, des Judentums und des Islam - nichts mehr im Wege stehen. Und genau das ist es, was der Antichrist meiner Meinung nach erreichen wird. Glauben Sie mir: Der Antichrist wird sehr erfolgreich im Bereich der Religion sein!

Ich möchte in diesem Zusammenhang noch dazusagen, dass die Religion auch das Feld ist, in dem sich Satan am meisten zu Hause fühlt. Seine größte Bedrohung für die Menschheit kommt immer durch Religion.

Wir werden gleich wieder unser Thema aufgreifen, doch zuvor möchte ich Sie noch darauf hinweisen, dass die Bibel in dreierlei Hinsicht vom Antichrist spricht. So heißt es in 1. Johannes 2,18:

> *„Kinder, es ist die letzte Stunde, und wie ihr gehört habt, dass* ***der Antichrist*** *kommt..."*

Hier ist „Antichrist" der Titel einer einzigen konkreten Person.

> *„...so sind auch jetzt viele Antichristen aufgetreten..."*

Neben dieser einen konkreten Person, die **der** Antichrist ist, gibt es noch **viele** Antichristen. Wenn Sie wissen wollen, was sie gemeinsam haben, dann müssen Sie nur in 1. Johannes 4,2-3 nachlesen. Das ist sehr, sehr wichtig:

> „*Hieran erkennt ihr den Geist Gottes* [den Heiligen Geist]*: Jeder Geist, der bekennt, dass Jesus, der Messias, im Fleisch gekommen ist, ist von Gott...*" (wörtl. a. d. Engl.)

Haben Sie das gelesen? „Jesus, der Messias." Es macht einen Unterschied, es so übersetzen.

> *Jeder Geist, der bekennt* [bzw. anerkennt]*, dass Jesus, der Messias, im Fleisch gekommen ist, ist von Gott...*" (wörtl. a. d. Engl.)

Wir wollen auch festhalten, dass dies in der Vergangenheitsform steht: Der Messias **ist** gekommen! Das ist sehr bedeutsam für alle, die im Judentum bewandert sind.

Vers 3:

> „*...und jeder Geist, der nicht bekennt, dass Jesus, der Messias, im Fleisch gekommen ist, ist nicht von Gott...*" (wörtl. a. d. Engl.)

Eine zuverlässige Alternativübersetzung lautet:

> „*...jeder Geist, der Jesus nicht bekennt, ist nicht von Gott...*" (wörtl. a. d. Engl.)

Es geht hier jedoch darum, dass bekannt wird, dass Jesus, der Messias, im Fleisch gekommen ist.

„...und dies ist der Geist des Antichrists, von dem ihr gehört habt, dass er komme, und jetzt ist er schon in der Welt."

Neben dem Antichrist als konkreter Person und den vielen Antichristen gibt es noch den Geist des Antichrists, der in allen Antichristen wirksam ist. Vergessen Sie nicht, dass der Geist des Antichrists dort gar nicht wirken kann, wo das Evangelium nicht richtig verkündigt worden ist. Verstehen Sie? Er ist etwas anderes als das Heidentum. Der Geist des Antichrists ist letztendlich die bewusste Leugnung des Anspruchs Jesu, der Messias zu sein. Wo dieser Anspruch nie aufgestellt und verkündet wurde, hat der Antichrist auch kein Tätigkeitsfeld. Aus diesem Grund ist dies ein charakteristisches Merkmal der letzten Tage, weil in früheren Zeitaltern der Anspruch Jesu noch gar nicht verkündet worden war. Doch wo der Anspruch Jesu verkündet wird, steht auch dem Geist des Antichrists die Tür offen. Jesus sagte zu Satan, als er ihm bei der Versuchung in der Wüste widerstanden hatte: „Folge hinter mir", nicht „Hebe dich hinweg, Satan", sondern „Folge hinter mir, Satan". Mit anderen Worten sagt Jesus: „Überall, wo ich hingehe, Satan, wirst du folgen." Und man sieht, dass es in der Realität tatsächlich so ist, dass überall dort, wo das Evangelium gepredigt wird, auch der Geist des Antichrists folgen wird. Das ist Satans letzter Schachzug gegen Gottes letzten Schachzug. Das ist Satans letzte Opposition gegen das, was Gott tun möchte.

Ich möchte Ihnen nun vier charakteristische Merkmale des Geists des Antichrists nennen. Wir finden sie alle im 1. Johannes 2,19:

> *„Sie sind von uns ausgegangen, aber sie waren nicht von uns; denn wenn sie von uns gewesen wären, würden sie wohl bei uns geblieben sein; aber sie blieben nicht, damit sie offenbar würden, dass sie alle nicht von uns sind."*

Das erste Merkmal ist, dass der Antichrist im Kontext der Gemeinde beginnt. Das ist eine weitere Bestätigung dafür, dass dieser Geist nur dort auftreten kann, wo das Evangelium bereits verkündigt wurde.

Ich werde wahrscheinlich Schwierigkeiten bekommen, wenn ich das schreibe, aber es gibt für den Antichrist keinen günstigeren Ort, um sich zu offenbaren, als die charismatische Bewegung. Sie hat alles, was er benötigen wird. Sie ist gesetzlos; sie ist undiszipliniert; sie ist verrückt nach dem Übernatürlichen; sie hat weitestgehend keine Ahnung von der Bibel - sie wartet regelrecht auf den Antichrist. Es ist schockierend, so etwas zu sagen, aber ich glaube, dass das eine Tatsache ist. Dennoch glaube ich, dass die charismatische Bewegung von Gott ist - das möchte ich ausdrücklich betonen. Das Problem besteht nicht in dem, was Gott getan hat, sondern in dem, was der Mensch mit dem getan hat, was Gott getan hat. Das ist das Problem.

Soweit das erste Merkmal: Es beginnt im Zusammenhang, im Kontext, der Gemeinde. Wir werden im weiteren Verlauf dieses Buches noch einmal darauf zurückkommen.

Kommen wir zum zweiten Merkmal. Wir finden dies in 1. Johannes 2,22:

> *„Wer ist der Lügner, wenn nicht der, der leugnet, dass Jesus der Christus ist? Der ist der Antichrist, der den Vater und den Sohn leugnet."*

Das zweite Merkmal des Geists des Antichrists ist, dass er leugnet, dass Jesus der Messias ist.

Weiter in 1. Johannes 2,22:

> *„Der ist der Antichrist, der den Vater und den Sohn leugnet."*

Das ist das dritte Merkmal des Antichrists: Er leugnet innerhalb der Dreieinigkeit die Person des Vaters und die Person des Sohnes. Der Antichrist bestreitet die Vater-Sohn-Beziehung innerhalb der Dreieinigkeit. Gott selbst leugnet er nicht, aber er leugnet den Vater und den Sohn.

Das vierte Merkmal finden wir in 1. Johannes 4,3:

> *„Jeder Geist, der bekennt, dass Jesus, der Messias, im Fleisch gekommen ist, ist von Gott, und jeder Geist, der nicht bekennt, dass Jesus, der Messias, im Fleisch gekommen ist, ist nicht von Gott..."* (wörtl. a. d. Engl.)

Das vierte Merkmal des Geists des Antichrists besteht darin, dass der Geist des Antichrists leugnet, dass der Messias gekommen ist. Er leugnet nicht notwendigerweise, dass es einen Messias geben wird, er wird dies sogar für sich nutzen wollen. Aber er leugnet, dass der Messias gekommen **ist**.

Fassen wir diese vier Merkmale kurz zusammen:

1. **Er beginnt im Kontext der Gemeinde.**
2. **Er leugnet, dass Jesus der Messias ist.**
3. **Er leugnet innerhalb der Dreieinigkeit die Person des Vaters und die Person des Sohnes.**
4. **Er leugnet, dass der Messias gekommen ist.**

Nun ein weiterer wichtiger Punkt: Verschiedene andere Titel des Antichrists. Werfen wir einen Blick auf 2.Thessalonicher 2,3-8. Ich werde im Folgenden die Standardversion der Bibel hie und da etwas erweitern. Das Ergebnis ist, wie ich es nenne, die „Prince-Version".

> *„Lasst euch von niemand auf irgendeine Weise verführen..."*

Hier ist vom Tag des Herrn die Rede, von der Offenbarwerdung Jesu Christi in Macht und Herrlichkeit, um über die Königreiche der Erde zu herrschen.

> *„Lasst euch von niemand auf irgendeine Weise verführen..."*

In diesem Zusammenhang werden wir immer vor Verführung gewarnt. Ich werde Ihnen im weiteren Verlauf noch zeigen, dass Verführung das Hauptwerkzeug des Antichrists ist.

> *„Lasst euch von niemand auf irgendeine Weise verführen, denn dieser Tag* [der Tag des Herrn] *kommt nicht, es sei denn, dass zuerst der Abfall gekommen [ist]...“*

Im Griechischen heißt es „...bis die Apostasie kommt...“. Das griechische Wort ist „Apostasie“. Wir müssen uns an dieses Wort halten, denn eine Apostasie ist ein bewusstes Sich-Abwenden von der offenbarten Wahrheit. Ich würde sagen, dass die Apostasie bereits jetzt in den meisten protestantischen Hauptströmungen zu sehen ist. Protestanten befürchten, die katholische Kirche könnte die „scharlachrote Frau“ sein. Das kann ich nicht beurteilen. Doch bis auf den heutigen Tag hat die katholische Kirche noch keine der grundlegenden Wahrheiten des christlichen Glaubens geleugnet, während es führende protestantische Theologen und Prediger gibt, die öffentlich und schamlos jede grundlegende Wahrheit des christlichen Glaubens leugnen: die Göttlichkeit Jesu, seine jungfräuliche Geburt, sein sündloses Leben, seinen Sühnetod, seine körperliche Auferstehung... Sie haben all das abgetan, ohne ein Gefühl für Scham oder Anstand oder Verantwortung. Das ist Apostasie. Apostasie kann es bei Menschen, die die Wahrheit nicht kennen, gar nicht geben. Nur die Apostasie kann dem, was Satan tun möchte, Tür und Tor öffnen. Deshalb ist er der Urheber der Apostasie. Zurück zu Vers 3:

> *„Lasst euch von niemand auf irgendeine Weise verführen, denn dieser Tag* [der Tag des Herrn] *kommt nicht, es sei denn, dass zuerst die Apostasie gekommen ist und der Mensch der Ge-*

> *setzlosigkeit geoffenbart worden ist, der Sohn des Verderbens..."*

Das sind zwei weitere Titel des Antichrists: der „Mensch der Gesetzlosigkeit" und der „Sohn des Verderbens". Das griechische Wort für „Gesetzlosigkeit" bedeutet Gesetzlosigkeit oder Rebellion. Der Antichrist ist der Inbegriff aller Rebellion gegen Gott. Jesus sagt in Matthäus 24,12:

> *„...und weil die Gesetzlosigkeit überhandnimmt, wird die Liebe der meisten erkalten..."*

Gesetzlosigkeit ist ein charakteristisches Merkmal der letzten Tage. Bemerken Sie die Zunahme an Gesetzlosigkeit in der westlichen Welt in dieser Generation? Jeder, der Augen und Ohren hat, wird das wahrgenommen haben. Das ist sehr bezeichnend.

Lesen wir weiter über den Antichrist, ohne uns allzu lange damit aufzuhalten:

> *„...der sich widersetzt und sich überhebt über alles, was Gott heißt oder ein Gegenstand der Verehrung ist, so dass er sich in den Tempel Gottes setzt und sich ausweist, dass er Gott sei."*

Er leugnet Gott nicht, er gibt sich als Gott aus. Er leugnet den Vater und den Sohn.

> *„Erinnert ihr euch nicht, dass ich dies zu euch sagte, als ich noch bei euch war? Und jetzt wisst ihr, was zurückhält, damit er zu seiner*

> *Zeit geoffenbart wird.“*

Die Prince-Version lautet: „Ihr wisst, was ihn davon zurückhält, offenbart zu werden, bis seine Zeit kommt.“

> *„Denn schon ist das Geheimnis der Gesetzlosigkeit wirksam...“*

Wenn ich diese Worte lese, kommt es mir so vor, als befände ich mich mittendrin. *„Denn schon ist das Geheimnis der Gesetzlosigkeit wirksam...“* Ich glaube, das gilt für unsere Zeit, in der wir leben. Das Geheimnis, die geheime, unterschwellige Kraft der Gesetzlosigkeit ist am Wirken.

> *„...nur offenbart es sich nicht, bis der, welcher jetzt zurückhält, aus dem Weg ist...“*

Eine bessere Übersetzung wäre: „Bis er nicht mehr hier ist.“ Wer ist damit gemeint? Das ist die 1000-Euro-Frage und ich werde nicht versuchen, sie zu beantworten. Halten wir zumindest fest, dass es ein „er“ ist.

> *„...und dann wird der Gesetzlose geoffenbart werden, den der Herr Jesus beseitigen wird durch den Hauch seines Mundes und vernichten durch die Erscheinung seiner Ankunft...“*

Es tröstet mich zu wissen, dass Jesus ganz sicher etwas gegen den Antichrist unternehmen wird. Ich bin froh, dass er das nicht mir überlassen hat. Falls Sie mit dem Schwert in der Hand hinausgehen möchten, kann ich nur sagen: Der Herr segne Sie - aber ohne mich!

Hier haben wir also zwei Titel: der „Mensch der Gesetzlosigkeit“ und der „Sohn des Verderbens“. Es gibt nur eine andere Person im Neuen Testament, die „Sohn des Verderbens“ genannt wird. Wer? Judas Iskariot. Hier sehen Sie die Parallele und Bedeutung des Ganzen: Judas war ein Apostel, aber er verriet den Herrn. Das ist wieder eine Bestätigung dafür, dass der Antichrist in den Reihen der Jünger des wahren Christus anfängt, aber ein Verräter ist.

Einen weiteren Titel finden wir in Offenbarung 13,1-4:

> *„Und ich sah aus dem Meer ein Tier aufsteigen...“*

Das ist der Titel. Ich bevorzuge jedoch die Übersetzung „ein wildes Tier“. Es ist etwas Wildes und Grausames damit gemeint. Ich sage Ihnen eins über den Antichrist: Er wird grausam sein.

> *„Und ich sah aus dem Meer ein [wildes] Tier aufsteigen...“*

Vers 2:

> *„Und das [wilde] Tier, das ich sah, war gleich einem Panther...“*

Vers 4:

> *„Und sie beteten den Drachen an, weil er dem [wilden] Tier die Macht gab, und sie beteten das [wilde] Tier an und sagten: Wer ist dem*

[wilden] Tier gleich? Und wer kann mit ihm kämpfen?"

Es sind also insgesamt drei andere Titel: der „Mensch der Gesetzlosigkeit", der „Sohn des Verderbens" und „das wilde Tier".

Nun noch einige weitere Kommentare in diesem Zusammenhang. In der Geschichte sind bereits viele Antichristen offenbar geworden. In der Jewish Encyclopedia werden insgesamt über 40 Antichristen aufgeführt, die seit der Zeit Jesu unter den Juden aufgetreten sind. Einer der bekanntesten von ihnen war Mose von Kreta, der etwa im 3. oder 4. Jahrhundert lebte und behauptete, er sei der Messias. Er wollte das Volk zurück nach Israel führen; sie wollten das Land wieder in ihren Besitz bringen; und er ging mit seinen Nachfolgern ins Meer, wo sie alle ertranken. Das ist einerseits komisch, andererseits jedoch ausgesprochen tragisch.

Im Wesentlichen sieht das Judentum im Messias jemanden, der ihnen das Land zurückgibt und die Möglichkeit schafft, den Tempel aufzubauen. Man kann feststellen, dass dies in gewisser Weise auch heute noch unter den Juden eine sehr weit verbreitete Vorstellung ist.

In der Kirchengeschichte - oder sagen wir in der Weltgeschichte - hat es schon viele Antichristen gegeben. Einer, über den am wenigsten Zweifel bestehen, war Mohammed. Mohammed kam aus dem Kontext des Christentums heraus. Er kannte die Lehren Jesu und bezog sich auf sie. Er erkannte an, dass Jesus ein Prophet war, leugnete jedoch, dass Jesus der

Sohn Gottes war. Es ist für mich immer eine Qual, mitanzusehen, wie in Israel Muslime auf leichtgläubige amerikanische Touristinnen zugehen und zu ihnen sagen: „Ich glaube an Jesus“ oder auch „Halleluja“. Diese armen Frauen sagen dann auch „Halleluja“ und dann werden sie möglicherweise ausgenommen, aber sie erkennen nicht, dass ein Muslime, wenn er „Ich glaube an Jesus“ sagt, nicht meint „Ich glaube an Jesus als den Sohn Gottes“, sondern vielmehr „Ich glaube an Jesus als einen Propheten“. Verstehen Sie? Sich der Person Jesu und seines Anspruchs bewusst zu sein und dies dann zu leugnen - das ist der Wesenskern des Antichristen. Ja, Mohammed behauptete sogar, der „Tröster“ zu sein, den Jesus verheißen hatte, aber das wissen viele Menschen gar nicht.

Ich würde sagen, Hitler war ohne jeden Zweifel ein Antichrist. Wenn Sie Grausamkeit sehen wollen, dann werden Sie bei Hitler fündig.

Ich war im Jahr 1934 auf einer Fahrradtour in Süddeutschland und traf dort einen leidenschaftlichen jungen Nazi, der zu mir sagte, ich solle zu Hitler nach Berchtesgaden hinauffahren. Ich war ein verwirrter junger Mann, so wie viele andere auch, und hatte keine Skrupel, zu Hitler hinaufzufahren; das Problem bestand jedoch darin, dass Berchtesgaden in den Bergen liegt und ich mein Fahrrad nicht dazu bewegen konnte, zu Hitler auf den Berg hinaufzufahren; deshalb lehnte ich den Vorschlag ab. Aber selbst in meinem damaligen ignoranten und verblendeten Zustand staunte ich über das, was dieser junge Mann über Hitler sagte. Das war im Jahr 1934. Er sagte: „Hitler ist für uns etwas Heiliges.“ Erstaunlich! Es besteht kein Zweifel darüber, dass Millionen Deutsche in Hitler den Erlöser sahen. Ribbentrop sagte: „Er ist der Heilige Geist." Das sind historische Fakten. Verstehen Sie? Wo dieser Geist eindringt, verleiht er Menschen übernatürliche Kontrolle über andere Menschen. Hitler an sich, als Person, hatte nichts an sich, weshalb sich andere Menschen nach ihm umgedreht hätten oder sich bemüht hätten, ihm zu begegnen. Als Mensch war er ein unbedeutender, kleiner Versager. Als dieser Geist in ihn eindrang, versetzte er ihn jedoch in die Lage, ganze Kontinente aufzuwiegeln und machte ihn zu jemanden, der für den Tod von Millionen Menschen verantwortlich war.

Ich möchte Sie noch einmal daran erinnern, dass dieses „wilde Tier" ausgesprochen grausam ist. Es gab noch einen anderen Antichristen, jedoch in einem kleineren Rahmen, dem ich persönlich in Kenia (Ostafrika) begegnete - es war Mau Mau. Und auch in seinem Falle wissen viele Menschen nicht, dass Mau Mau aus christlichen Missionstätigkeiten herauskam. Der Mau-Mau Aufstand war eine bewusste Rebellion der schwarzen Bevölkerung gegen die Tatsache, dass - so wie sie es sahen - die weißen Missionare gekommen waren, um ihnen ihr Land wegzunehmen. Ich sage nicht, dass sie nicht einige gute Gründe gehabt haben, die Sache so zu sehen. Jomo Kenyatta sagte einmal sinngemäß: „Die Missionare sagten uns, wir sollten beten, und während wir die Augen schlossen, um zu beten, stahlen sie uns unser Land." Das soll wiederum verdeutlichen, was ich sage: Sie werden feststellen, dass fast alle Anführer des Mau-Mau Aufstandes aus der christlichen Mission herauskamen. Sie bekamen ihre Schulbildung an Missionsschulen. Als sie mit dem Mau-Mau Aufstand begannen, nahmen sie die Hymnen, die ihnen die Missionare beigebracht hatten, und ersetzten darin den Namen „Jesus" durch den Namen „Jomo". Auch dies ist wiederum eine historische Tatsache. Das ist der Wesenskern des Antichrists: Jesus aus dem Weg räumen und ihn durch einen anderen ersetzen. Und ich sage Ihnen eins: Der Mau-Mau Aufstand war ausgesprochen grausam. In der Theorie richtete er sich gegen die Weißen, doch während der Zeit des Mau-Mau Aufstandes wurden in Nairobi mehr Weiße bei Verkehrsunfällen getötet als durch Anhänger von Mau-Mau. Tausende afrikanischer Christen wurden unglaublich grausam niedergemetzelt. Vergessen Sie nicht, dass der Antichrist die Nachfolger Jesu und das Volk Gottes hasst.

Ich glaube, es ist an der Zeit, dass die Juden und die Christen erkennen, dass wir einen gemeinsamen Feind haben. Fast immer waren es dieselben Kräfte, die sich dem wahren Christentum widersetzen, die auch die Juden verfolgten - nicht immer, aber fast immer. Und ich nehme mir hier bestimmte Freiheiten heraus, wenn ich schreibe: Als die israelische Armee vor längerer Zeit in den Libanon einmarschierte, wurde sie von den dortigen Christen willkommen geheißen. So etwas hat es vorher noch nie in der Geschichte gegeben. Es könnte sehr interessant sein, wenn es etwas weiter ginge. Aber diese Reaktion hat ihre Berechtigung, weil sie beide denselben Feind haben.

Nun möchte ich noch einige andere Punkte ansprechen. Die oberste Motivation des Antichristen ist Rebellion. Er ist der Gesetzlose bzw. der „Mensch der Gesetzlosigkeit". Ich werde Ihnen anhand von Jesaja 14 zeigen, wie dieser Geist seinen Anfang nahm. Werfen wir einen kurzen Blick auf Jesaja 14 ab Vers 12:

> *„Wie bist du vom Himmel gefallen, [o Luzifer], Sohn der Morgenröte!“*

Damit ist der große, schöne, strahlende, herrliche Erzengel Luzifer gemeint. „Luzifer“ bedeutet „der Strahlende“, aus dem Satan, der Widersacher, wurde. Ich halte es für bezeichnend, dass Satan seinen Ursprung im Himmel hatte. Er begann als einer der Engel, als einer der Erzengel Gottes. Dieses Muster, dass jemand zu den Leuten Gottes gehört, aber dann ein Verräter und Rebell wird, zieht sich also wie ein roter Faden durch dieses Thema.

> *„Wie bist du zu Boden geschmettert, Überwältiger der Nationen!“*

Und nun wird seine Motivation offen gelegt; es sind fünf verschiedene Aussagen:

> *„Und du, du sagtest in deinem Herzen: 'Zum Himmel will ich hinaufsteigen, hoch über den Sternen Gottes meinen Thron aufrichten und mich niedersetzen auf den Versammlungsberg im äußersten Norden. Ich will hinaufsteigen auf Wolkenhöhen, dem Höchsten mich gleich machen.“*

Ist Ihnen aufgefallen, welche Formulierung fünfmal wiederholt wird? „Ich will, ich will, ich will, ich will, ich will.“ Das ist der Wesenskern von Rebellion: Mein Wille widersetzt sich dem Willen Gottes. Weil Luzifer sich nach einer Gottgleichheit ausgestreckt hatte, die ihm nicht zustand, fiel er.

Es ist sehr interessant, dem den Geist Jesu gegenüberzustellen, denn es gilt, diesen Gegensatz zu verstehen. Betrachten wir Philipper 2,5:

> *„Diese Gesinnung sei in euch, die auch in Christus Jesus war...“*

Also „... im Messias Jesus...“ Ich möchte das Wort „Messias“ beibehalten. Welche Grundhaltung hatte der Messias?

> *„...der in Gestalt Gottes war und es nicht für einen Raub achtete, Gott gleich zu sein.“*

Er glaubte nicht, dass die Gleichheit mit Gott etwas sei, das mit Gewalt festgehalten werden müsse - das exakte Gegenteil von Luzifer. Luzifer war Gott nicht gleich; er streckte sich nach dieser Gleichheit aus, strauchelte und fiel. Jesus war Gott gleich, aber er verließ seine Position und demütigte sich. Das ist der Geist des wahren Messias.

Als Nächstes werden die Schritte aufgezählt, die Jesus als Konsequenz dessen, dass er sich demütigte, nach unten ging. Wir werden sie nicht im Einzelnen analysieren, sondern wollen nur den Gegensatz festhalten: Der satanische Geist strebt nach Macht, Autorität und Ehre. Jedes Mal, wenn er danach greift, fällt er. Der Geist Jesu hat ein Recht auf diese Macht, Autorität und Ehre, aber er demütigt sich freiwillig. Wir müssen uns sicher sein, dass wir von diesem Geist Jesu motiviert werden, denn meiner persönlichen Meinung nach sind die geistlichen Mächte in unserer heutigen Welt so stark, dass niemand von uns in einem Vakuum leben kann. Wenn Sie nicht vom richtigen Geist erfüllt sind, werden Sie letztendlich vom falschen Geist erfüllt werden. Mit dem Heiligen Geist erfüllt zu sein, ist keine nützliche Empfehlung mehr, sondern eine Lebensnotwendigkeit.

Satan und seine Erscheinungsform des Antichristen strebt ein oberstes Ziel an. Welches? Sein Ehrgeiz lässt ihn nach einem großen Ziel streben. Er möchte eines bekommen: Anbetung. Vergessen Sie das nicht. Er hat diese Gleichheit mit Gott nicht erreicht; er fiel. Aber er hat nicht aufgehört, weiterhin nach diesem Ziel zu streben. Es gibt etwas, wozu nur Gott berechtigt ist, etwas, das einzig und allein Gott auszeichnet, nämlich angebetet zu werden. In gewissem Sinne bekräftigt Satan, wenn er es schaffen kann, angebetet zu werden, seinen Anspruch, Gott gleich zu sein, ganz neu. Aus diesem Grund verlangt ihm nach Anbetung mehr als nach irgendetwas anderem.

Ich möchte Sie auf eine dramatische Begebenheit im Leben Jesu hinweisen, gleich zu Beginn seines Dienstes. Matthäus 4,8-10 - die drei Versuchungen Jesu. Die letzte wird ab Vers 8 beschrieben, wo es heißt:

> *„Wiederum nimmt der Teufel ihn mit auf einen sehr hohen Berg und zeigt ihm alle Reiche der Welt und ihre Herrlichkeit...“*

Sehen Sie: Der Köder ist politische Macht.

> „*...und spricht zu ihm: Dies alles will ich dir geben, wenn du niederfallen und mich anbeten willst.*“

„Es ist ganz einfach. Du brauchst nicht viel zu tun. Du kannst weitermachen wie bisher; du kannst lehren; du kannst Wunder wirken. Ich bitte dich nur um eine Kleinigkeit; es dauert auch nicht lange. Fall einfach vor mir nieder.“ Jesus, der wahre Messias, schlug diesen Handel aus. Für politische Macht bezahlte er diesen Preis nicht.

> „*Da spricht Jesus zu ihm: Geh hinweg, Satan!* [Es heißt eigentlich: ‘Folge hinter mir.’] *Denn es steht geschrieben: ‘Du sollst den Herrn, deinen Gott, anbeten und ihm allein dienen.*“

Ich sage Ihnen eins: Wer von etwas Kraft empfangen möchte, muss es anbeten. Was Sie anbeten, wird Sie kontrollieren. Deshalb gilt: Je mehr wir den Herrn anbeten, desto stärker wird seine Kontrolle über unser Leben.

Hatten Sie schon einmal mit jemandem zu tun, der Satan angebetet hat? Wenn ja, dann wissen Sie, dass es eine gewaltige Schlacht ist, diese Umklammerung zu lösen. Ich möchte Ihnen in aller Liebe sagen: Geben Sie gut Acht darauf, was Sie anbeten! Denn das wird Sie den Rest Ihres Lebens beherrschen. Nehmen Sie sich Zeit, den Herrn anzubeten, denn indem Sie das tun, geben Sie ihm immer größere Macht über Ihr Leben.

Werfen wir kurz einen Blick auf Offenbarung 13. Ich sage es noch einmal: Der wahre Messias lehnte diesen Handel mit

Satan ab. Er wollte nicht in den Besitz politischer Macht kommen, indem er Satan anbetet. Doch der falsche Messias wird es tun. Das ist der Unterschied. Er wird in den Besitz politischer Macht kommen, indem er sich an Satan verkauft. Sobald er sich an Satan verkauft hat, wird Satan all seine Macht und Cleverness gebrauchen, um diesen Mann in politischer Hinsicht in eine Position zu befördern, dass er der absolute Herrscher über die gesamte Menschheit sein wird. Offenbarung 13,2:

> *„Und das Tier* [das wilde Tier], *das ich sah, war gleich einem Panther... Und der Drache gab ihm seine Kraft und seinen Thron und große Macht."*

Es heißt in dieser Passage ganz ausdrücklich, dass dieser Drache Satan ist. Satan gab ihm seine Kraft, seinen Thron und große Macht. Es ist wichtig, sich zu vergegenwärtigen, dass Satan Menschen Macht und Autorität verleihen kann.

> *„Und ich sah einen seiner Köpfe wie zum Tod geschlachtet. Und seine Todeswunde wurde geheilt, und die ganze Erde staunte hinter dem [wilden] Tier her."*

Hier wird eine Art von Pseudo-Auferstehung geschildert. So wie die echte Auferstehung Jesus als den echten Messias bestätigte, wird es eine vorgetäuschte Auferstehung geben, einen Auferstehungsschwindel, der den falschen Messias als solchen bestätigen wird.

Vers 4:

> *„Und sie beteten den Drachen an, weil er dem [wilden] Tier die Macht gab, und sie beteten das [wilde] Tier an...“*

In diesem Augenblick ist Satans Ehrgeiz am Ziel angelangt. Er musste dieses Ziel durch einen Menschen erreichen. Ich wage zu behaupten, dass Satan seit 2000 Jahren auf den Menschen wartet, der diesen Job übernehmen wird. Es wird kein gewöhnlicher Mensch sein. Er wird weder dumm, noch hässlich, noch unbeholfen sein; er wird sehr attraktiv, sehr talentiert, sehr ansprechend, sehr clever und sehr weltgewandt sein.

Als Nächstes möchte ich darauf hinweisen, dass Satan ein wichtiges, zentrales Werkzeug hat, um sein Ziel zu erreichen - die Täuschung bzw. Verführung. In allen Prophetien, die sich auf das Ende der Zeit beziehen, werden wir ausnahmslos davor gewarnt, uns täuschen bzw. verführen zu lassen. Ich möchte darüber hinaus noch sagen, dass seine Täuschung eine ganz bestimmte Form annehmen wird. Vergessen Sie dabei nicht, dass es sein Ziel ist, dass ein bestimmter Mensch als Gott angebetet wird. Aus diesem Grund braucht er als Werkzeug für seine Täuschung eine Philosophie, die den Menschen vergöttlicht, die den Menschen zu seinem eigenen Gott macht. Und ich würde sagen, dass dies im Wesentlichen genau der Geist des säkularen Humanismus ist. Der säkulare Humanismus zielt darauf ab, den Menschen zu seinem eigenen Gott zu machen. Derzeit macht er in den meisten Fällen noch nicht viel Aufhebens darüber, aber letztendlich strebt er auf dieses Ziel zu: „Wir brauchen kein Eingreifen seitens einer höheren Macht; wir brauchen keine Religion; wir können unsere Probleme selbst lösen" - letztendlich macht sich der Mensch dadurch selbst zu seinem eigenen Gott. Ich denke, wir müssen dieser Tatsache ins Auge sehen.

Ich möchte hier nicht in die Phantasiewelt abgleiten, aber jeder kennt die Zahl des Antichristen. Es gibt kaum jemanden, der die Zahl des Antichristen nicht kennen würde. Es ist die Zahl 666. Ich muss mich hier etwas zurückhalten, damit ich nicht übergeistlich werde. Vielleicht ist Ihnen bekannt, dass sowohl im Hebräischen als auch im Griechischen, was ja die beiden Sprachen der Bibel sind, jeder Buchstabe einem bestimmten Zahlenwert entspricht. Aleph ist 1, Bet ist 2, Gimel ist 3, Jod ist 10 und so weiter. Kaf ist 20, Lamed ist 30, Mem ist 40 (wenn ich mich recht erinnere). Dasselbe gilt auch für das griechische Alphabet. Wenn es hier nun heißt, seine Zahl sei die „Zahl des Namens eines Menschen", dann ist das sehr einfach und stellt überhaupt kein großes Problem dar: Man schreibt die Buchstaben des Namens nicht nebeneinander, sondern untereinander; dann schreibt man neben jeden Buchstaben den entsprechenden Zahlenwert und zählt diese Zahlen dann ganz einfach zusammen. Ich persönlich zweifle nicht im Geringsten daran, dass es ganz genau so gemeint ist.

Diese Überzeugung erhärtete sich in mir, als ich eines Tages den Namen „Jesus" auf Griechisch nahm, die Buchstaben untereinander schrieb, die entsprechenden Zahlenwerte danebenschrieb und diese Zahlen dann zusammenzählte. Wissen Sie, was dabei herauskommt? 888. Dies ist sozusagen eine Art von „eingebauter Antithese": Der falsche Christus ist 666;

der wahre Christus ist 888. „Sechs“ ist in gewisser Weise eine Zahl, die Unvollständigkeit und Unvollkommenheit symbolisiert, weil „sieben“ ja die Zahl der Vollständigkeit und Vollkommenheit ist. „Acht“ ist die Zahl der Auferstehung: 7+1.

Ich möchte damit Folgendes sagen. Die Zahl 666 repräsentiert in gewisser Weise das Maximum dessen, was der Mensch ohne Gott erreichen kann. Das ist der Wesenskern dieses Geistes und der Wesenskern dieser Philosophie: Der Mensch macht sich selbst zum Gott.

Hier haben wir noch etwas sehr Interessantes. Vielleicht spricht es Sie nicht so an, aber aufgrund meines Hintergrunds spricht es mich sehr an. Wenden wir uns kurz Sacharja 9,13 zu. Der Herr spricht in dieser Passage darüber, was er am Ende dieses Zeitalters tun wird; ich greife nur einen Satz heraus:

> *„Ja, ich habe mir Juda als Bogen gespannt,*
> *den Köcher mit Ephraim gefüllt.“*

Das ist ein sehr anschauliches Bild. Es spricht von der Wiederherstellung der beiden Königreiche, die im Exil zerstreut waren - das südliche Königreich Juda und das nördliche Königreich Ephraim. Gott spricht über die Zeit, in der sie seine Kriegswaffen sein werden: Juda wird der Bogen sein, Ephraim wird der Pfeil sein, der in den Bogen gelegt wird.

Dies stimmt mit der Prophetie in Hesekiel 37 überein, wo der Herr sagt, er werde die beiden Königreiche in Form *einer* Nation wiederherstellen. Dann heißt es in Sacharja weiter:

> *„Ich wecke deine Söhne, Zion, gegen die bewährten Kämpfer Griechenlands...“* [oder ‘ge-

gen deine Söhne, Griechenland']

Für viele Menschen haben diese Worte vielleicht keine besondere Bedeutung; für mich sind sie jedoch ausgesprochen wichtig. Es wird eine Zeit kommen, in der der Strom, der aus Zion fließt, dem Strom entgegenstehen wird, der aus Griechenland fließt. Mich interessiert dieser Themenbereich, weil ich als Professor an der Universität Cambridge griechische Philosophie lehrte. Ich habe dieses Fach viele Jahre lang sehr ausführlich studiert. Mein Hauptstudienfach war die Philosophie Platos. Ich habe alle Worte im Urtext gelesen, die Plato jemals geschrieben hat - und das sind ziemlich viele Worte. Ich schrieb meine Dissertation als Forschungsstipendiat über die Entwicklung von Platos Methode der Definition. Ich möchte damit lediglich sagen, dass dies ein Bereich ist, der mir zutiefst vertraut ist.

Aus diesem Grund glaube ich, in einem gewissen Maße verstehen zu können, was es bedeutet, wenn die Söhne Zions gegen die Kämpfer bzw. Söhne Griechenlands geweckt werden. Griechenland ist der Ursprung der gesamten westlichen Philosophie. Ihre Anfänge gehen etwa auf das Jahr 600 v. Chr. zurück. Wer nur schlechte Geschichts-kenntnisse hat, wird auch kaum wissen, in welchem Ausmaß die Vorstellungen und Gedanken der westlichen Welt, also Europas und der Vereinigten Staaten, von der griechischen Philosophie geprägt und beeinflusst wurden.

Ungefähr um das Jahr 600 vor Christus machte einer der ersten griechischen Philosophen eine Aussage, die diesen Punkt, mit dem wir uns hier beschäftigen, sehr treffend zusammenfasst. Dieser Mann hieß Heraklit und er sagte: „Der Mensch ist das Maß aller Dinge.“ Mit anderen Worten: Er hat die ultimative Antwort. Was auch immer der Mensch bemisst und bewertet und wie auch immer er es bemisst und bewertet, so ist es auch.

Als ich als Philosoph anfing, die Bibel zu studieren, weil ich es für meine philosophische Pflicht hielt, sie zu studieren, und ohne jegliche geistliche Einsicht darin las, erkannte ich nach einiger Zeit, dass ich Neuland betreten hatte. Vorher war genau das meine Einstellung gewesen: „Ich bin das Maß aller Dinge. Alles, was ich sage, alle Entscheidungen, die ich treffe, alle Maßstäbe, die ich setze, alle Schluss-folgerungen, die ich ziehe, sind gültig.“ Doch als ich anfing, die Bibel zu lesen, geschah etwas Seltsames. Ich gewann den seltsamen Eindruck, dass nicht nur ich die Bibel las, sondern dass die Bibel mich las. Und sie hat meine Maßstäbe nicht akzeptiert. Zum ersten Mal in meinem Leben wurde ich direkt mit der Tatsache konfrontiert, dass es einen anderen Maßstab gibt, der sich nicht vor dem Menschen beugt und der sich von den intellektuellen und wissenschaftlichen Errungenschaften des Menschen nicht beeindrucken lässt. Ich glaube, ein Großteil von dem steckt eben in dieser Aussage, dass Gott die Söhne Zions gegen die Söhne Griechenlands wecken wird. Denn allgemein gesprochen lautet der Wesenskern des hebräischen Denkens „Am Anfang Gott...“ Das ist die Quelle und der Ursprung des wahren hebräischen Denkens und aller wahren hebräischen Offenbarung. Somit kommen wir zusammenfassend auf diese Antithese zwischen „Am Anfang Gott“ und „Der Mensch ist das Maß aller Dinge“.

Natürlich gab es im griechischen Denken auch Götter, viele Götter, angenehme und praktische Götter, nette Götter, clevere Götter, schöne Götter, sehr unmoralische Götter und sehr grausame Götter; aber sie alle waren wie kleine Marionetten in der Vorstellungswelt des Menschen. Der Mensch war das Höchste. Ich denke, Sie werden feststellen, dass dies einer der Hauptaspekte jenes endzeitlichen Konflikts sein wird, nämlich die Frage: Welche Philosophie wird triumphieren? Und auf Sie persönlich bezogen: Welche Philosophie wird Sie bestimmen?

Diese Vorstellung, dass der Mensch derjenige ist, der das Wissen hat und eingeweiht ist, dass seine Entscheidungen gültig sind, hat etwas ausgesprochen Attraktives an sich. Das ist das Denken und die Philosophie, die in die Gemeinde Jesu Einzug gehalten haben und auf deren Grundlage wir unsere eigenen Standards setzen. Wir fragen nicht, was Gott gesagt hat, sondern wir beschließen, was Gott gesagt haben sollte. Wenn er es nicht so gesagt hat, wie wir es gesagt haben, dann revidieren wir es. Dies gilt natürlich nicht für alle Gruppierungen des Leibes Christi.

Ich denke, wir sollten zu unserem Thema zurückkehren und einige Punkte kurz wiederholen: Die oberste Motivation des Antichristen ist Rebellion. Sein oberstes Ziel ist es, angebetet zu werden. Sein Werkzeug ist Täuschung durch eine humanistische Philosophie. Und ein charakteristisches Merkmal seines Tuns besteht darin, dass er Fälschungen bzw. Nachahmungen hervorbringt. Alles, womit sich Satan beschäftigt, erweist sich am Ende als Fälschung bzw. Nachahmung.

Es wird auch eine „gefälschte Dreieinigkeit“ geben. Vielleicht haben Sie davon schon einmal gehört, aber ich möchte es noch einmal sagen, weil es uns zu einem weiteren Punkt hinführt, den ich im weiteren Verlauf noch ansprechen möchte. Werfen wir einen Blick auf Offenbarung 16,13, wo alle drei Personen dieser „gefälschten Dreieinigkeit“ in einem einzigen Vers erwähnt werden. Es geht in diesem Zusammenhang um unreine Geister:

> *„Und ich sah aus dem Mund des Drachen und aus dem Mund des [wilden] Tieres und aus dem Mund des falschen Propheten drei unreine Geister kommen, wie Frösche...“*

Das ist die satanische Dreieinigkeit: Der Drache ist Satan; das wilde Tier ist der Antichrist; der falsche Prophet ist jener religiöse Lehrer, der die Grundlage für die Macht des Antichristen legt. Diese Personen entsprechenden dem Vater, dem Sohn und dem Heiligen Geist. Die Fälschung des Vaters ist der Drache, Satan. Die Fälschung des Sohnes ist der falsche Christus, der Antichrist. Die Fälschung des Heiligen Geistes ist der falsche Prophet.

Wie sehr sich darin die tatsächliche Wahrheit widerspiegelt, wird offenbar, wenn man sich vor Augen führt, dass die wichtigste Funktion des falschen Propheten darin besteht, die Menschen dazu zu veranlassen, den falschen Christus anzubeten. Sie sehen, dass dies auf der anderen Seite so ziemlich genau der Funktion des Heiligen Geistes entspricht, der uns in die Lage versetzt, den wahren Christus anzubeten. Daran sieht man, wie streng sich Satan bei seiner Fälschung an das Original hält.

Sehen wir uns noch einige Verse aus Offenbarung 13,11-15 an:

> *„Und ich sah ein anderes [wildes] Tier aus der Erde aufsteigen..."*

Das erste wilde Tier war aus dem Meer gekommen.

> *„...und es hatte zwei Hörner gleich einem Lamm, und es redete wie ein Drache."*

Auf den ersten Blick mutet er sehr schlicht, demütig, sanft und nett an, doch hinter seinem Aussehen, das dem eines Lammes gleicht, steckt die Realität des Drachen.

> *„Und die ganze Macht des ersten [wilden] Tieres übt es vor ihm aus, und es veranlasst die Erde und die auf ihr wohnen, dass sie das erste [wilde] Tier anbeten, dessen Todeswunde geheilt wurde. Und es tut große Zeichen..."*

Er ist der Wunderwirker der satanischen Dreieinigkeit, so wie der Heilige Geist der Wunderwirker der wahren Dreieinigkeit ist.

Vers 14:

> *„...und es verführt die, welche auf der Erde wohnen..."*

Auch hier haben wir wieder einen Gegensatz: Der Heilige Geist leitet uns in alle Wahrheit, dieses wilde Tier verführt uns.

Sehr interessant ist nun der zweite Teil von Vers 14:

„...und es verführt die, welche auf der Erde wohnen, wegen der Zeichen, die vor dem Tier zu tun ihm gegeben wurde, und es sagt denen, die auf der Erde wohnen, dem Tier, das die Wunde des Schwertes hat und wieder lebendig geworden ist, ein Bild zu machen. Und es wurde ihm [dem falschen Propheten] *gegeben, dem Bild des Tieres Odem zu geben, so dass das Bild des Tieres sogar redete und bewirkte, dass alle getötet wurden, die das Bild des Tieres nicht anbeteten."*

Wenn Sie es ergreifen können, erkennen Sie auch darin eine bemerkenswerte Offenbarung der Wahrheit. Der Heilige Geist braucht kein Bild von Jesus zu machen, weil er uns direkt mit Jesus in Kontakt bringt. Doch der falsche Prophet musste ein Bild machen. Alles, was Satan tut, ist eine Nachahmung und durch und durch eine Fälschung. Soweit also die „gefälschte Dreieinigkeit".

Wir kommen nun zu einem wirklich kontroversen Thema, nämlich der „gefälschten Gemeinde". So wie Jesus eine Gemeinde hat, die seine Braut ist, hat auch der Antichrist eine „gefälschte Gemeinde", die seine Braut sein wird. Ich hoffe, Sie gehören nicht zur Braut des Antichrists! Es gibt im Englischen einen Reim, der besagt, dass eine Frau auf einem Tiger ritt und die beiden von ihrem Ritt zurückkamen: Die Frau war im Tiger und ein Lächeln war auf dem Gesicht des Tigers. Das ist genauso wie die Braut des Antichrists; das ist ein gutes Bild dafür.

Ich möchte sagen, dass der Wesenskern der gefälschten Gemeinde, der gefälschten Braut, darin besteht, dass sie der Ausdruck weiblicher Rebellion ist. So wie der Antichrist der Ausdruck von Rebellion ist, so drückt auch die Braut des Antichristen seinen Wesenskern aus und zwar in Form von weiblicher Rebellion.

Lesen wir in diesem Zusammenhang nun Sacharja 5. Der Herr hat meine Aufmerksamkeit auf diese Passage gelenkt. Sacharja beginnt mit einer Reihe von Visionen, die meines Erachtens allesamt auf die Endzeit anwendbar sind. Wir werden uns nur eine davon ansehen: Sacharja 5, ab Vers 5:

> *„Und der Engel, der mit mir redete, trat hervor und sprach zu mir: Heb doch deine Augen auf und sieh! Was ist dies da, das da hervorkommt? Ich sagte: Was ist es? Und er sprach: Dies ist das Efa, das hervorkommt."*

Ein Efa ist mehr oder weniger wie ein Scheffel, als eine Maßeinheit bzw. ein Behälter für Weizen usw.

> *„Dies ist das Efa, das hervorkommt. Und er sprach: Das ist ihr Aussehen im ganzen Land."*

Ich stimme dieser Übersetzung „Land" nicht zu. Wer Hebräisch kann, weiß, dass *eretz* entweder „Land" oder „Erde" heißen kann. Man muss sich für eines von beiden entscheiden. Also: Das ist ihr Aussehen auf der ganzen Erde. Dieses Efa repräsentiert alle Menschen auf Erden.

> *„Und siehe, ein runder Bleideckel hob sich..."*

Auf diesem Efa lag ein runder Bleideckel, den der Engel hob, damit Sacharja sehen konnte, was sich darin befand. Was war darin?

> „*...und da war eine Frau, die saß mitten im Efa. Und er sprach: Dies ist die Gottlosigkeit* [oder 'Rebellion']"

Hebräisch *avon*. Es bedeutet „Rebellion".

> „*Und er warf sie wieder mitten in das Efa hinein* [Preis dem Herrn] *und warf den Bleideckel auf dessen Öffnung.*"

Hier haben wir also eine Offenbarung der Macht, die auf der ganzen Erde am Wirken ist. Sie wird erst dann sichtbar, wenn der Deckel hochgehoben wird. Wehe der Person, die den Deckel hebt. In diesem Augenblick verliert man seine Popularität. Doch wenn man hineinschaut, sieht man unter dem Deckel eine Frau. Diese Frau ist die personifizierte Rebellion.

> „*Und ich hob meine Augen auf und sah: Und siehe, da kamen zwei [weitere] Frauen hervor, und Wind war in ihren Flügeln, und sie hatten Flügel wie Flügel des Storches; und sie hoben das Efa empor zwischen die Erde und den Himmel. Und ich sagte zu dem Engel, der mit mir redete: Wohin bringen diese das Efa? Und er sprach zu mir: Um ihm [einen Tempel] zu bauen im Land Schinar.*"

Schinar bedeutet Babylon. Schinar ist eines der Worte für Babylon. Hier haben wir also eine direkte Verbindung zu Offenbarung 17 und 18.

> *„Um ihm [einen Tempel] zu bauen im Land Schinar. Und ist [dieser] aufgestellt, wird das Efa [dort] auf sein [eigenes Podest] hingestellt."*

Was für ein Bild! Wenn Sie das nicht erkennen, dann wissen Sie auch nicht, was sich hier abspielt! Ich denke, es ist höchste Zeit, dass Sie das herausfinden! „Das ist ihr Aussehen im ganzen Land!" Es ist eine unsichtbare Macht am Werk, die Macht der Rebellion. Sie ist ganz spezifisch weiblich und sie wird ihren eigenen Tempel haben. Sie wird direkt mit Babylon assoziiert werden, das ja durch alle Zeiten hindurch der Ursprung allen religiösen Verfalls war. Ich brauche dieser Macht keinen Namen zu geben, aber es kursieren heutzutage viele Namen, die ich nicht erst erwähnen muss.

Betrachten wir nun Offenbarung 17,1-6. Wir wollen uns vor Augen führen, dass die Wahrheit der Schrift die Braut des Antichrists als Hure sieht. Sie ist keine Jungfrau, sondern eine Hure, eine Prostituierte:

> *„Und es kam einer von den sieben Engeln, welche die sieben Schalen hatten, und redete mit mir und sprach: Komm her, ich will dir das Gericht über die große Hure zeigen, die an vielen Wassern sitzt..."*

Das ist dieselbe Frau wie zuvor.

> *„...mit der die Könige der Erde Unzucht getrieben haben; und die Bewohner der Erde sind*

> *trunken geworden von dem Wein ihrer Unzucht.“*

Sie hat eine Art von berauschender Lehre, die die Menschen trunken macht und unfähig, nüchtern und vernünftig zu handeln.

> *„Und er führte mich im Geist hinweg in eine Wüste; und ich sah eine Frau auf einem scharlachroten Tier sitzen, das voll Läster-namen war und sieben Köpfe und zehn Hörner hatte.“*

Denken Sie an den Reim von der Frau, die auf dem Tiger ritt. Doch sehen wir uns an, was mit ihr am Ende geschieht.

> *„Und die Frau war bekleidet mit Purpur und Scharlach...“*

Das zeigt einen religiösen Kontext auf.

> *„...und übergoldet mit Gold und Edelgestein und Perlen, und sie hatte einen goldenen Becher in ihrer Hand, voll Greuel und Unreinheit ihrer Unzucht...“*

Ich denke, der goldene Becher ist eine Fälschung des Abendmahls. Mit anderen Worten: Wenn Sie mit ihr Kommunion feiern, ist das geistliche Unzucht.

> *„...und sie hatte an ihrer Stirn einen Namen geschrieben, ein Geheimnis: ‘Babylon, die große, die Mutter der Huren und der Greuel der Erde.“*

Im nächsten Vers kommen nun Sie und ich ins Spiel:

> *„Und ich sah die Frau trunken vom Blut der Heiligen und vom Blut der Zeugen Jesu. Und ich wunderte mich, als ich sie sah, mit großer Verwunderung."*

Deshalb habe ich diese Schriftstelle bis hierher zitiert, weil wir wissen müssen, wer unsere Feinde sind. Wenn Sie nach Grausamkeit Ausschau halten, dann werden Sie hier fündig. Diese Frau wird uns mit ihren Krallen zerreißen, wenn sie uns damit packen kann. Wir müssen wissen, dass das derzeit unser Hauptfeind ist. Wir müssen uns dessen bewusst sein, was mit uns geschehen wird, wenn sie uns kriegt!

Ein Wort zu Elia. Elia war Realist. Für ihn bestand kein Zweifel daran, was Isebel mit ihm tun würde, falls sie ihn fangen würde. Als mir klar wurde, dass dieser große Gottesmann Elia vor Isebel floh, wurden mir die Augen darüber geöffnet, mit welcher Macht wir es hier zu tun haben.

Sehen wir uns kurz die Geschichte Elias an. Gott hat sehr persönlich und auf übernatürliche Weise in Bezug auf diese Geschichte an mir gehandelt, aber darauf werde ich nicht näher eingehen. Elia allein konnte Isebel nicht den Garaus machen. Deshalb führte Gott ihn auf den Horeb, wo er ihm sagte, was er zu tun habe. Er sagte zu ihm: „Geh hin und salbe Elisa zum Propheten." Und er sagte: „Salbe Jehu und Hasael zu Königen von Israel und Syrien." Mit anderen Worten: „Berufe andere Leiter, die deine Aufgabe weiterführen und vollenden werden." Der Herr sprach dadurch zu mir im Juni 1971. Damals bekam ich ein neues Verständnis von Jüngerschaft. Damals sprach niemand von „Jüngerschaft“, aber Gott hat mir in diesem Zusammenhang gezeigt, was es damit auf sich hat. Er zeigte mir, dass ich allein nichts gegen diese Macht unternehmen konnte, dass ich mithelfen sollte, andere zu rufen und zu schulen, die diese Aufgabe weiterführen könnten. In gewisser Weise ist Jüngerschaft die Antwort Gottes auf Isebel! Ich sage hier Dinge, die manche Leser sehr gut, andere wieder kaum verstehen werden.

In der Zeitschrift *Christianity Today* oder einem anderen Magazin sah ich einmal eine Karikatur vom Apostel Paulus, wie er in der Stadt Korinth ankommt. Am Bahnhof wartete eine Gruppe von Frauen auf ihn. Sie hatten alle möglichen Transparente dabei, auf denen in etwa stand: „Paulus ist ein Chauvinistenschwein“ usw., und unter dem Bild stand der Text: „Ah, ich sehe, ihr habt meinen Brief bekommen.“

Fahren wir fort mit Offenbarung 17. Diese Frau saß also auf dem Tier mit sieben Köpfen und zehn Hörnern. Ohne näher auf diese zehn Hörner einzugehen, lesen wir Vers 16:

> *„...und die zehn Hörner, die du gesehen hast, und das Tier, diese werden die Hure hassen und werden sie verwüsten und nackt machen und werden ihr Fleisch fressen und sie mit Feuer verbrennen.“*

Hier haben wir also die Frau, die im Tiger wieder zurückkommt, auf dessen Gesicht ein Lächeln zu sehen ist. Es ist schon ein unglaublicher Gegensatz zwischen dem, wie der Antichrist seine Braut behandelt, und wie Christus seine Braut behandelt! Diese Antithese zieht sich überall durch wie ein roter Faden. Jesus liebt die Gemeinde; er gab sich für sie hin;

er kümmert sich um sie; er versorgt sie; er wird sie schmücken; er wird sie verherrlichen und er wird sie in Ehre dem gesamten Universum präsentieren. Doch der Antichrist wendet sich, nachdem er sie benutzt hat, gegen die Frau und zerstört sie.

So ist der Teufel. Wenn Sie in der Hand des Teufels sind, wird er Sie wie eine Zitrone auspressen, alles aus Ihnen herausholen und Sie dann wegwerfen. Das soll eine Warnung für Sie sein. Begeben Sie sich nicht in seine Hand! Solange er Sie braucht, schmeichelt er Ihnen, lockt er Sie, überredet er Sie und gibt Ihnen das Gefühl, wichtig zu sein. Wenn Sie alles getan haben, was er von Ihnen will, wirft er Sie in die Gosse und trampelt auf Ihnen herum.

Das ist die Realität.

Wollen wir dieses Thema mit einem Blick auf unseren Sieg abschließen? Vorher noch ein anderer Punkt. Gehen wir kurz zurück zu 2. Thessalonicher. In Vers 7 lesen wir:

> *„Denn schon ist das Geheimnis der Gesetzlosigkeit wirksam; nur offenbart es sich nicht, bis der, welcher jetzt zurückhält, aus dem Weg ist...“*

Es ist schwer, diese Passage zu übersetzen. Ich habe in allen Übersetzungen nachgeschlagen und keine formuliert sie korrekt. Ich weiß auch nicht, wie ich es sagen soll. Aber es heißt: „Bis er aus der Mitte kommt.“ Mit anderen Worten: Er steht nicht mehr zwischen dieser Macht und dem, was er beschützt.

> *„...und dann wird der Gesetzlose geoffenbart werden...“*

Er wird schon da sein, aber dann erst wird er geoffenbart werden.

> *„...den der Herr Jesus beseitigen wird durch den Hauch seines Mundes und vernichten durch die Erscheinung seiner Ankunft; ihn, dessen Ankunft gemäß der Wirksamkeit des Satans erfolgt, mit jeder Machttat und mit Zeichen und Wundern der Lüge...“*

Don Basham sagte einmal, sein effektivstes, wenngleich nicht sein populärstes Buch war das über die falschen Propheten, in dem er darauf hinwies, dass die bloße Fähigkeit, Wunder zu wirken, nicht notwendigerweise beweist, dass jemand ein wahrer Prophet ist. Das ist deshalb nicht populär, weil es in gewisser Weise einem starken Schwerpunkt der charismatischen Bewegung entgegensteht. Deshalb sagte ich ganz am Anfang, die charismatische Bewegung sei der offensichtliche Ort, an dem sich der Antichrist offenbaren könnte, soweit wir die Situation heute einschätzen können.

> *„...und mit jedem Betrug der Ungerechtigkeit für die, welche verloren gehen, dafür, dass sie die Liebe der Wahrheit zu ihrer Errettung nicht angenommen haben.“*

Das ist die Anwendung auf unser Leben. Wir sind nur dann sicher, wenn wir die Liebe zur Wahrheit annehmen. Es kostet uns etwas, die Wahrheit zu lieben, denn die Wahrheit schmeichelt uns nicht. Die Wahrheit tut uns gut. Es ist viel schöner, einer Lehre zuzuhören, die einem schmeichelt, das eigene Ego aufbläht und einem den Eindruck vermittelt, man sei ein wunderbarer Mensch. Doch eine solche Lehre zerstört im Endeffekt. In unserer Zeit sind wir nur dann sicher, wenn wir die Liebe zur Wahrheit angenommen haben.

Es ist schon bemerkenswert, dass wir nicht viel über Pontius Pilatus wissen, aber soweit wir wissen, hatte er nie philosophische Probleme mit dem Wesen der Wahrheit, bis die Wahrheit eines Tages direkt vor ihm stand. Dann sagte er: „Was ist Wahrheit?“ So geht es vielen von uns. Wenn wir mit der Wahrheit konfrontiert werden, werden wir auf einmal philosophisch. Es kostet uns etwas, die Wahrheit anzuerkennen, aber sie wird Sie retten. Wenn Sie sich nicht voll und ganz der Wahrheit verschrieben haben, werden Sie ins Verderben rennen.

Lesen wir weiter:

> *„Und deshalb...“*

Weshalb? Weil sie die Liebe zur Wahrheit nicht angenommen haben.

> *„Und deshalb sendet ihnen Gott eine wirksame Kraft des Irrwahns...“*

Haben Sie das schon einmal gelesen? Wer schickt Ihnen eine wirksame Kraft des Irrwahns? Der Teufel? Nein, Gott. Das Äußerste, was das Gericht Gottes tun wird, ist, Menschen dem Irrglauben zu überantworten. Es gibt Fälle in der Schrift, in denen er dies tat. Er tat das mit König Saul. Es heißt, ein böser Geist von Gott habe Saul gepeinigt. Warum? Weil er das Wort des Herrn abgelehnt hatte. Es heißt in Jesaja 29 über einen Teil von Israel: „Denn der HERR hat einen Geist tiefen

Schlafs über euch ausgegossen, ja, verschlossen hat er eure Augen..." Warum? Weil sie die Worte der Propheten gehört aber ihnen nicht gehorcht haben.

Hier geht die Schrift noch einen Schritt weiter und bezieht sich auf **alle** Menschen, denen die Wahrheit verkündet wurde, die ihnen aber nicht gefiel. Gott sagt an einem bestimmten Punkt der Menschheitsgeschichte: „Ich sende ihnen eine wirksame Kraft des Irrwahns." Wenn Gott Ihnen eine wirksame Kraft des Irrwahns sendet, können Sie der Wahrheit nicht mehr glauben. Haben Sie das gewusst?

> *„...dass sie der Lüge glauben, damit alle gerichtet werden, die der Wahrheit nicht geglaubt, sondern Wohlgefallen gefunden haben an der Ungerechtigkeit."*

Deshalb gefällt uns die Wahrheit auch nicht, weil sie mit der Ungerechtigkeit nicht zusammenpasst. Wir können dafür alle möglichen hochtrabenden Erklärungen vorbringen; wir können über „neue Moral" oder „Situationsethik" sprechen, aber es ist und bleibt so, dass wir die Wahrheit nicht mögen, weil sie die Ungerechtigkeit bekämpft, die sich in jedem Einzelnen von uns durchsetzen möchte.

Ich glaube nicht, dass wir mit der Wahrheit herumspielen können und sie uns so zurechtbiegen können, dass sie in unser Konzept passt, und dass wir dann, irgendwann einmal, wenn wir wirklich glauben, dass es uns nutzen könnte, einfach so wieder zu Gott zurückkehren und das annehmen können, was er hat. Ich sehe hier aufgrund meines persönlichen Engagements für Israel immer eine historische Parallele.

Ich erinnere mich noch an die Jahre vor dem Zweiten Weltkrieg, als Hitler an die Macht kam. Das war die Zeit, als seine Propaganda, seine Äußerungen und seine Politik immer antijüdischer wurden. Die Zionisten sandten viele Vertreter aus, um die deutschen und europäischen Juden vor dem zu warnen, was kommen würde. Viele dieser Juden haben nicht auf sie gehört; sie konnten einfach nicht glauben, dass sich die Dinge je so entwickeln würden. Doch wenn Sie das Buch *Holocaust* gelesen haben, dann wissen Sie, wie sich die Dinge entwickelten. Es kam der Moment, als die Kräfte Hitlers Europa abriegelten und keiner mehr entkommen konnte. In diesem Augenblick hätten Millionen Juden alles gegeben, um noch fliehen zu können.

Ich möchte Sie zu dem Gedanken anregen, dass es hierzu eine Parallele mit uns Christen geben könnte. Wir können mit der Wahrheit herumspielen und -tändeln und uns weigern, die ernsten Warnungen und Ermahnungen Gottes zu beachten, und es einfach so sehen, dass es nie wirklich so ernst werden wird und es nie so kommen wird. Aber es kann durchaus der Augenblick kommen, in dem Gott nicht mehr in uns dringt und uns die Wahrheit nicht mehr zur Verfügung stellt, sondern uns eine wirksame Kraft des Irrwahns sendet, und dann sitzen wir in der Falle. Ich glaube, dass dies eine Realität ist. Ich wollte dies ursprünglich nicht schreiben. Ich wollte dieses Buch anders abschließen, aber wenn ich Gottes Wirken an mir richtig verstehe, dann möchte er, dass ich Sie warne, dass Sie mit der Wahrheit nicht herumspielen können. Sie haben nicht notwendigerweise noch zwanzig Jahre, in denen Sie sich entscheiden können, ob Sie sich Gott hingeben wollen oder nicht. Gott kann binnen eines Augenblicks die Tür schließen und Sie abriegeln. Dann steht Ihnen die Wahrheit nicht mehr zur Verfügung. Wenn Sie sie dann hören, können Sie sie nicht mehr verstehen oder glauben!

Wissen Sie, dass die Gnade Gottes notwendig ist, um die Wahrheit des Evangeliums annehmen zu können? Ohne Gottes Gnade können Sie nicht glauben. Wenn Gott seine Gnade abzieht und eine wirksame Kraft des Irrwahns sendet, werden Sie in die Irre gehen und verblendet werden, gleichgültig, wie clever, religiös, intellektuell oder philosophisch Sie auch sein mögen. Ja, je intellektueller und philosophischer Sie sind, desto leichter kann Satan Sie verblenden. Wir müssen uns entscheiden. Sind wir der Wahrheit verpflichtet, gleichgültig, ob sie uns gefällt oder nicht, ob sie uns schmeichelt oder beleidigt?

Ich möchte dieses Buch mit einer persönlichen Anwendung abschließen. Nehmen Sie sich dort, wo Sie gerade sind, einige Minuten Zeit zum Nachdenken. Ich habe den Eindruck, dass Menschen dieses Buch lesen werden, die die Wahrheit gut kennen, ihr aber nicht gehorchen. Vielleicht spielen Sie mit ihr herum und spielen religiöse Spielchen. Ich möchte Sie auffordern, damit aufzuhören! Ich möchte Sie aufforden ehrlich zu werden, der Wahrheit ins Auge zu sehen und dem zu gehorchen, was Gott Ihnen sagt.

Derek Prince

Über den Autor

Derek Prince wurde 1915 als Sohn britischer Eltern in Indien geboren und erhielt seine Ausbildung an zwei der angesehensten Institutionen Englands: am Eton College und an der Universität Cambridge. Im Alter von 24 Jahren wurde er in Cambridge zum Professor der Philosophie ernannt. Als er im 2. Weltkrieg in die Britische Armee einberufen wurde, nahm er eine Bibel mit, um sie als "ein philosophisches Werk" zu studieren. Eines nachts, als er allein auf seiner Stube war, wurde er mit der Realität Jesu Christi konfrontiert, nahm ihn als Herrn und Heiland an, und die Ausrichtung seines Lebens änderte sich von Grund auf. Seit diesem Ereignis hat Derek Prince das Wort Gottes studiert, analysiert, darüber meditiert und es gelehrt. Heute wird er als einer der führenden Bibellehrer unser Zeit international anerkannt.

Seine täglich ausgestrahlten Radiosendungen erreichen die meisten Länder der Erde, und sind unter anderem in fünf verschiedene chinesische Sprachen, auf Spanisch, Russisch, Mongolisch, Tonganisch und Arabisch übersetzt worden.

Sein Lehrmaterial - mehr als 40 Bücher mit Übersetzungen in über 50 Sprachen, sowie etwa 400 Audio- und 150 Videokassetten - legen eine Grundlage im Leben christlicher Leiter in der ganzen Welt.

Das internationale Büro von 'Derek Princc Ministries' befindet sich in Charlotte, North Carolina (USA). Darüber hinaus gibt es weitere Büros in verschiedenen Ländern und Erdteilen.

Eine Auswahl der vielen weiteren Bücher von Derek Prince

Wir schicken Ihnen gerne unseren Gesamtkatalog kostenlos zu!

(Siehe Bestellkarte)

"Nachfolge Konkret"

C05GE

C06GE

C07GE

C09GE

C10GE

C11GE

C20GE

C21GE

C23GE

C15GE

C16GE

C22GE

C27GE

C28GE

C29GE

"... damit die Heiligen zugerüstet werden zum Werk des Dienstes."

IBL-Worship:

Unsere besondere Empfehlung

von unserem IBL-Lobpreis-Team: „Son, Wind & Reign“

„Lass' die Ströme fall'n“
Best.Nr. CDSWR01
Ein dankbares und freudiges Opfer des Lobpreises und der Anbetung!

„Komm' mit Macht!“
Best.Nr. CDSWR02
Eine starke Proklamation der Macht und Herrlichkeit des Herrn!
(Beide auch als Audiokassette erhältlich)

Biblische Lehrbotschaften von Derek Prince auf Audio und Video

Seine jahrelange Erfahrung und fundierte Bibelkenntnis gibt Derek auf den vielen vorhandenen Audio- und Video-Botschaften weiter. Tausende von Christen in der ganzen Welt bezeugen, wie wichtig diese klare, ausgeglichene Bibellehre für ihr christliches Leben ist.

Durch die Zusendung der nebenstehenden Antwortkarte können Sie:

1) Die kostenlose Audiokassette “ **Am Ende der Zeit** ” bestellen.
2) Unseren kostenlosen Gesamtkatalog bzw. weitere Informationen über den Dienst von Derek Prince erhalten.

Die **kostenlose** Ergänzung zu diesem Buch auf Kassette...

Am Ende der Zeit

☐ Ja, ich hätte gerne kostenlos die Audiokassette **"Am Ende der Zeit"**

(Eine Spende zur Deckung der Kosten ist willkommen aber ***nicht*** notwendig)

(C68GE Gewissheit in der Endzeit: 4167GE Am Ende der Zeit)

Name: ____________________

Straße: ____________________

PLZ/Ort: ____________________

Tel. / Fax: ____________________

Karte einfach abtrennen, frankieren und uns <u>per Post</u> zuschicken.
Entsprechende IBL-Anschrift sowie Ihren Namen und Ihre Anschrift bitte nicht vergessen.

IBL-Deutschland
Schwarzauer Str. 56
D-83308 Trostberg

IBL-Österreich
Arthur-Krupp-Str. 1
A-3300 Amstetten

IBL-Schweiz
Aarauerstr. 27
CH-5600 Lenzburg

Bitte übersenden Sie mir:

☐ den deutschen Gesamtkatalog

☐ den englischen Gesamtkatalog (Euro 2,00)

☐ Informationen über Material in der/den folgenden Fremdsprache(n):

☐ Ihren aktuellen Missionsbrief

Ihre aktuelle

☐ Kassette des Monats

auf

☐ Deutsch ☐ Englisch

zum Kennenlernen.
(Preis je Kassette EURO 4,95; sFR 8,95 zuzügl. Porto)

Ich möchte für den Dienst des IBL beten:

☐ Bitte senden Sie mir regelmäßig die Gebetsrundbriefe zu!

Bitte ausreichend frankieren

ANTWORT

IBL - ____________________

____

____

(IBL-Anschriften siehe links)